Reihe LenoZ, Band 2

Eine Reihe für Erziehungsopfer

Hans Saner, geboren 1934 in Grosshöchstetten.
1954–59 Volksschullehrer im Kanton Bern, dann Studium der Philosophie, Psychologie und Germanistik in Basel.
Dort von 1962–69 persönlicher Assistent von Karl Jaspers, dessen Nachlass er bearbeitet.

Schriften

Widerstreit und Einheit. Wege zu Kants politischem Denken, München 1967
Karl Jaspers, rororo Monographie, Rheinbeck 1970
Karl Jaspers in der Diskussion, München 1973
Erinnerungen an Karl Jaspers, München 1974
Aufsätze zur Politik, Pädagogik und Philosophie in verschiedenen Zeitschriften.
Mitherausgeber der Reihe 'Philosophie aktuell'.

Hans Saner

Zwischen Politik und Getto

Über das Verhältnis des Lehrers zur Gesellschaft

Band 2 der Reihe LenoZ
Lenos Presse/Z-Verlag, Basel

Copyright 1977 by Lenos Presse und Z-Verlag, Basel
Alle Rechte vorbehalten
Satz: Lenos Presse
Gestaltung: Enrico Luisoni
Umschlagfoto: Martin Heimann
Printed in Switzerland
ISBN 3 85787 041 9 (Lenos Presse)

Die Lenos Presse und der Z-Verlag bilden zusammen
mit der edition etcetera die Basler Verlagsgruppe.

Vorwort

Die Arbeiten dieses Bandes, bei verschiedenen Gelegenheiten entstanden, berühren und überschneiden sich zuweilen, ohne einem durchgehenden Konzept unterworfen zu sein. *Ein Gedanke* verbindet aber alle miteinander.

Für hochindustrialisierte Gesellschaften ist die immer bessere Schulung der künftigen Generation Bedingung ihrer Kontinuität. Sie haben deshalb an der Schule ein vitales Interesse und nehmen dieses über ihre Herrschaftsinstitution, den Staat, wahr durch weitgehende Monopolisierung und ausschliessliche Kontrolle der Schule und durch beamtenrechtliche Verpflichtung der Lehrer. Von Schule und Lehrer erwarten sie Qualifikation und Selektion der künftigen Bürger für die Gesellschaft und schliesslich ihre Integration in das bestehende System. Die Gesellschaft bestimmt so ihr Verhältnis zur Schule nicht aus unmittelbar pädagogischen, sondern aus gesellschaftspolitischen Interessen.

Das pädagogische Interesse an der Schule aber kann dem politischen der Gesellschaft widerstreiten. Der umfassendste pädagogische Sinn von Schule und Schulung ist, durch Entfaltung der Talente künftige Bürger zu einer Gesellschaft zu emanzipieren, in der sich Freiheit und Gerechtigkeit wechselseitig bedingen und gemeinsam den Raum öffnen für Solidarität unter vernünftigen Zielen. Da wir eine solche Gesellschaft nicht haben, kann es nicht die Aufgabe der Schule sein, in der künftigen Generation die heutige Gesellschaft geistig zu reproduzieren. Vielmehr legt sie durch die Ausbildung von Wissen und Können den Keim für die Verwandlung der Gesellschaft in Richtung auf mehr Freiheit, Gerechtigkeit und Solidarität.

Damit der Lehrer diesem pädagogischen Interesse überhaupt genügen kann, muss er selber emanzipiert werden. Seine Unfreiheit aber ist bedingt einerseits durch die Tätigkeit, die er als Lehrer ausübt, andrerseits durch die Interessen der Gesellschaft, denen er ausgesetzt ist. Die erste Unfreiheit ist die existentielle seiner déformation professionelle, die zweite die gesellschaftliche seiner politischen Konformität. Die erste fixiert sich immer dann, wenn ihm der Schonraum der Schule zum Getto wird: zur Welt- und Erfahrungsenge, die ihn in einen Mikrokosmos einsperrt; die zweite, wenn er, seiner politischen Schlüsselstellung nicht bewusst, sich den Interessen der Gesellschaft entweder naiv ausliefert oder sich gar aus eigenen Interessen mit ihnen identifiziert. Die doppelte Frage ist also zu bedenken, wie der Lehrer der Gefahr dieses Eingesperrtwerdens entgeht und wie er das pädagogisch-politische Bewusstsein und den Mut, aus ihm zu unterrichten, erlangt. Nur durch seine existentielle und gesellschaftliche Befreiung wird die utopische Dimension in die Schule zurückgeholt. Schule wird dann wieder eine Institution für die künftige Emanzipation der Gesellschaft. Als das aber haben die grossen Pädagogen sie ursprünglich verstanden.

Vom Getto der Lehrer und der Möglichkeit, es zu verlassen

Es ist kein spezifisches Kennzeichen der Lehrer-Existenz, dass sie in der Verfestigung ihrer selbst in eine bestimmte Enge tritt. Existenz verwirklicht sich durch je bestimmte Wahl. Wählen aber heisst nicht allein 'eine Möglichkeit ergreifen', sondern ineins damit 'viele andere Möglichkeiten ausschliessen'. Existenz wird erst plastisch in einer spezifischen Enge. Enge scheint so der Preis zu sein für das Selbstsein. Insofern lebt jeder von uns, gemessen an den Möglichkeiten des Menschseins, in *seinem* Revier, das individuelle und soziale Dimensionen und Grenzen hat.

Existentielle Enge darf so lange als freies Selbstsein verstanden werden, als sie wirklich dem Wählen entspringt und sich in der Wahl immer neu konstituiert. *Wenn* sie der Wahl entspringt, hebt sie sich ab vom Hintergrund der offenen Möglichkeiten, die sie erst in der Wahl ausschliesst. Existentielle Enge ist so lange nicht *Ver*engung, als sie den wählenden Zugang zur Offenheit sich bewahrt. Sie ist legitim, wenn sie nicht einschliesst.

Wo Enge indes den Bezug zum offenen Grund verliert, wo sie nicht mehr der Wahl, sondern einem Zwang entspringt, nimmt sie einen Getto-Charakter an. Sie ist nun ein abgeschirmter Bereich, aus dem man nur schwer ausbrechen kann: ein Gefängnis. Sie schliesst ein.

Es ist noch einmal kein spezifisches Kennzeichen der *Enge* der Lehrer-Existenz, dass sie einen Getto-Charakter annimmt. Viele Existenzen verfallen dieser Gefahr. Aber mir scheint, und darin liegt meine These: Das lange, ununterbrochene Lehrer-Sein ist dieser Gefahr besonders stark ausgesetzt, ja es wird durch die Gesellschaft, durch das herrschende Schulsystem und durch das Versagen der Lehrer geradezu in sie hineingetrieben.

Diese These möchte ich verständlich machen und dann die Frage aufwerfen, wie der Lehrer sein Getto verlassen kann. Ich stütze mich dabei auf die mir bekannte neuere empirische und spekulative Literatur, auf die eigene Erfahrung als Schüler und als Lehrer und auf die hinreichende Kenntnis eines Gymnasiums. Methodisch aber gehe ich so vor, dass ich von *einer möglichen* Gefahr der Lehrer-Existenz spreche und nicht ein Bild *der* Lehrer entwerfe.

I. Wie die Gesellschaft die Lehrer durch Lehrerbilder in das Getto treibt

Die *These,* dass die Gesellschaft den Lehrer in ein Getto treibt, scheint im ersten Augenblick absurd zu sein. Keinem anderen ihrer Diener räumt sie vergleichbare Privilegien ein: Sie übergibt ihm eine Schlüsselposition, verschafft ihm, zumindest in seinen höheren Stellungen, einen vergleichsweise grossen Wohlstand, sichert ihm diesen bis an sein Lebensende zu und honoriert ihn überdem mit einem Ausmass an Freizeit, das den Neid der Werktätigen auf sich ziehen muss. Die institutionalisierte Verbindung von Wohlstand, Sicherheit und Freizeit könnte das Fundament der konkreten Freiheiten sein. Der Lehrer ist, soziologisch gesehen, scheinbar ein privilegiertes Kind des Staates. —

Aber der Schein trügt. Dass er trügt, ist

eine indirekte Folge der Schlüsselposition und der damit verbundenen Erwartungen:

Wie lässt sich diese Schlüsselposition umschreiben?

Indem die Gesellschaft ihre Kinder der Schule anvertraut, überträgt sie den Lehrern Funktionen von grosser gesellschaftlicher Relevanz: Die Lehrer sollen Vermittler und darin Hüter der Tradition sein. Sie sollen die Kinder erziehen und ihre Weltkenntnis fördern: die Neugierde, die Phantasie und den Sinn für eine Wertwelt wecken, die fortan im Schüler formende Kräfte sind. Als wichtigster Pol der Sozialisation ausserhalb des Elternhauses, sollen sie die Schüler, in der Gemeinschaft einer Klasse, praktisch auf die gesellschaftlichen Verhaltensweisen und deren Steuerung vorbereiten. – Was der Gesellschaft an ihrem eigenen System teuer ist, das soll durch die Lehrer an die jüngere Generation vermittelt werden, damit diese es reproduziert und später, in der gleichen Richtung, übertrifft. Die Lehrer werden so zu Garanten des Systems und seines Fortschritts. Der Staat aber anerkennt und fixiert diese Funktion durch die Beamtung.

Diese Schlüsselposition bekommt ein unheimliches Gewicht dadurch, dass die Lehrer auch soziale Chancen verteilen. Sie bestimmen, wer die Mittelschule besuchen darf, wer befördert wird, wem der Weg zur Universität und damit zu einem der privilegierten Bildungsberufe offen steht. Sie verfügen insofern, ob sie nun gerechte oder ungerechte, gute oder schlechte Lehrer sind, immer auch über individuelles Schicksal. Darin liegt ihre Macht. Ihr sind die Schüler und deren Eltern unterworfen.

Öffentlichkeit und Gesellschaft gewähren diese Schlüsselposition indes nicht gratis. Sie wissen um ihr Privileg, um ihre Machtfülle und um ihre Wichtigkeit. Und so belasten sie ihre Verleihung mit Erwartungen, die in ihrer Strenge ruinös, in ihrer Vielfalt konfus und in ihrer Höhe irreal sind. Sofern der Lehrer unterrichtet, verlangt man von ihm fachliche und didaktische Kompetenz, und das ist zweifellos richtig. Sofern er der Garant des Systems ist, erwartet man von ihm, dass er dieses System auch bejaht, und man zeigt sich gegen Zweifel und Abweichungen sehr empfindlich. Sofern er soziale Chancen verteilt, erwartet man eine unbestechliche, von keiner Spontaneität getrübte Gerechtigkeit. Sofern er schliesslich erzieht, sucht man in ihm das Ideal, auf das hin er die Kinder führt. Man möchte in ihm den über alles Böse Erhabenen sehen, den immer Besonnenen, den gütig und klar in allen Krisen Orientierenden. Kurz: Der Lehrer sollte das Vorbild sein, aus dem zugleich ein Fachmann, ein gerechter Führer, ein Heiliger und ein Messias blickt.

Viele dieser Erwartungen können nur enttäuscht werden. Erfahrungen, die man als Eltern mit Lehrern der eigenen Kinder macht, ritzen das Bild an. Man erinnert sich wieder an Lehrergestalten, die die eigene Kindheit belastet haben und lästige Begleiter durch das Leben geblieben sind. Der Vergleich mit dem Idealbild führt bald zum Gegenbild und dann zum Schreckbild. Weil es einzelne ungerechte, sadistische, weltfremde, unfaire, kindische Lehrer gibt, muss die ganze Klasse der Lehrer etwas von all dem haben: *Die* Lehrer sind Pauker, Weltfremde, Sadisten, infantile Zurückgebliebene, prinzipiell Unfaire usw. In einer seltsamen Mischung aus generalisierter Erfahrung, sozialem Neid, persönlichem Ressentiment und moralisierender Überheblichkeit erwächst ein ebenso diffuses Bild der Negation, breitet sich in der Gesellschaft aus und setzt sich in ihr fest. Zwar verfolgt man die so karrikierte Klasse nicht, aber man nimmt sie nicht mehr für ganz voll. Man rächt sich durch den Entzug des sozialen Prestiges (1).

Idealbild und Schreckbild aber erzeugen unwillkürlich einen gewissen Getto-Effekt. Der Lehrer fühlt sich permanent überfordert, beobachtet und bemängelt, im öffentlichen und im privaten Dasein. Er isoliert sich, wird zum 'inneren Emigranten', oder kompensiert mit einem penetranten Selbstbewusstsein. Nach aussen trägt er eine steife Moralität oder eine heiter-biedere Bravheit zur Schau und verwechselt in der Folge leicht die Würde seiner Moralität mit dem kulissenhaften Moralin der Gesellschaft. An die Stelle des echten Vorbildes rückt das Musterhafte. Man ist ganz und gar unantastbar, weil man von der Freiheit kaum mehr Gebrauch macht. Für die echte und das heisst immer *problematische* existentielle Freiheit der Schüler verliert man zunehmend das Verständnis. Es dürfte sie eigentlich gar nicht geben. – Der andauernde Druck auf die eigene Freiheit führt so zur Angst vor der Freiheit und mündet in die Enge der platten Ideale.

Gleichzeitig lastet der öffentliche Konformitätsdruck auf ihm. Er schmiegt sich meist in das herrschende System und verhält sich darin duldend apolitisch. Er leidet darunter, dass Leistung und Verhalten nicht die Anerkennung der Gesellschaft nach sich ziehen, sondern eher einen gelinden Spott. Er fühlt sich *unter* seinen sozialen *Rang* gesetzt, deklassiert, gleichsam als 'akademisch gehobener Kindergärtner' behandelt. Von 1'220 in Deutschland befragen Gymnasiallehrern war kein einziger mit seiner sozialen Stellung ganz zufrieden (2). Diese Unzufriedenheit verformt die politische Abstinenz leicht zu einer förmlichen Abwendung von der Gesellschaft.

Die Schlüsselposition, die die Gesellschaft dem Lehrer gibt, und die damit verknüpften Lehrerbilder haben so den zweifachen Getto-Effekt: sie erzeugen öffentliche Kontaktschwäche und damit gesellschaftliche Abwendung und sie bewirken eine Verkümmerung der inneren Freiheiten. Bilder haben eine prägende Kraft, auch wenn sie bloss spekulative Bilder sind. Sie erzeugen oft das Fehlverhalten, das sie zu beschreiben glauben.

II. Wie das Schulsystem die Lehrer in das Getto treibt

Selbst wenn ein Lehrer die Überlegenheit hätte, der prägenden Kraft solcher Bilder zu entgehen, stünde er noch nicht ausserhalb der Reichweite des Getto-Effekts. Denn dieser wirkt auf vielfältige Weise ebenfalls durch das Schulsystem und durch die Professionalisierung der Lehrer-Rolle:

a) Unsere Gymnasien haben einen *insularen* Charakter. Sie sind stark vom klösterlichen Ideal geprägt: sie sollen Stätten der Konzentration, der Hinwendung zum Geistigen sein. Sie schliessen sich deshalb gegen die Welt und gegen die Öffentlichkeit ab. Man nimmt sie wenn möglich aus den Agglomarationen heraus und baut sie, selbst als Stadt-Schulen, in einer ländlich anmutenden Grünzone wieder auf, möglichst ferne von der Arbeitswelt der Erwachsenen. An *einem* Tag des Jahres lässt man die Öffentlichkeit bis in die Klassenzimmer vordringen. Sonst aber schliesst man ab: das Leben drinnen ist etwas anderes als das Leben draussen, und es vollzieht sich nach anderen Regeln und Ritualen.

Diese Abschirmung ist teilweise nötig. Eine Schule könnte ihren Auftrag kaum erfüllen, wenn sie zur Welt hin hemmungslos geöffnet wäre. Sie braucht den bergenden Bildungsraum. Aber das Ausmass der Abschirmung ist nicht immer gerechtfertigt: Noch wird man heute in der Schweiz der Universität übergeben ohne Kenntnis der ökonomischen Welt, weitgehend ohne Kenntnis der sozialen Grundstrukturen und nahezu ohne Erfahrung mit der konkreten Arbeitswelt. Das ist für den Schüler vielleicht kein grosses Unglück. Ihm steht das Korrektiv noch bevor. Aber der Lehrer verbringt in dieser Abschirmung nicht bloss einige Jahre, sondern sein Leben. Wenn er sie nicht ausserberuflich durchbricht, muss sie bei ihm einen Getto-Effekt erzeugen: seine Welt wird zum Mikrokosmos; sie entleert sich ihrer Materialität, wird ein irreales Gebilde aus geistig-humanistischen Werten, das zur grossen Welt windschief steht. Die grosse Welt wird ihm fremd und er in ihr.

b) Eng mit dem klösterlichen Ideal ist der *rückwärtsgewandte* Charakter der Gymnasien verbunden. Die gewesene Welt hat im Lehrangebot unbestreitbar den Vorrang, und zwar nicht allein durch die Geschichte, die alten Sprachen, die Auswahl der Dichtertexte im modernen Sprachunterricht und den oft nicht aufholbaren Rückstand in den naturwissenschaftlichen Fächern. Entscheidend scheint mir vielmehr zu sein, dass der ganze Lehrplan noch die alte Bildungswelt reproduziert. Die jetzt bestehende Welt als Massenkultur oder gar die künftige werden kaum zum Gegenstand des Lehrens. Der Lehrer, der in dieser Welt des Gewesenen bleibt, wird zum Verspäteten. Er hat sein Zeitalter verpasst, ohne dies zu wissen.

Er tritt an die Welt mit Kategorien heran, für die sie inkommensurabel geworden ist.

c) Vollkommen aber entspricht unserer Zeit der *Leistungs-Charakter* der Gymnasien. Seit sich der Glaube durchgesetzt hat, das Gymnasium müsse *jeden* Schüler in *jedem* Fach zur Universitätsreife bringen, gleichen diese Schulen Mästanstalten für Stopfgänse. Unbefragte Lernziele und ein oft vollkommen sinnloser Wissensballast setzen den Lehrer unter ständigen Zugszwang. Er läuft ein Rennen gegen die Uhr. Immer perfektere Lehrbücher helfen ihm nur scheinbar. In Wahrheit sind sie derart systematisch aufgebaut, dass sie die Freiheit im Umgang mit dem Stoff eliminieren. Sie erhöhen den Druck. Für die eigentlich produktiven Arbeitsweisen: das selbständige Forschen, das Erarbeiten von Problemen und Lösungen, das geduldige, allmählich vorausgreifende Üben fehlt einfach die Zeit.

Ich spreche hier nicht von der Not der Schüler, die für diesen ganzen Unsinn oft mit Jahren ihres Lebens bezahlen, mit dem Verlust der Phantasie und der Gefährdung ihrer Psyche. Ich spreche von der Not der Lehrer, die, im permanenten Stress, in einen neuen Getto-Effekt geraten: Die ständige Zeitnot treibt sie in jene schreckliche Mühle, die den Wert ihrer Arbeit zerstört: sie nehmen Zuflucht zur Routine, zur Absicherung gegen Reformen, zum direktiven Verhalten, zum Überspringen der Probleme, zur Lehre ohne Freiheit. Sie reproduzieren die Werte und das Verhalten der Leistungsgesellschaft; sie lassen es zu, dass diese Gesellschaft und ihr Schulsystem sie vom Erzieher zum Funktionär degradiert. Den auf diese Perversion gegründeten Unterricht nennen sie weiterhin Bildung. Die Schüler halten ihn meist für organisierte Langeweile.

d) Eine Folge des Leistungscharakters unserer Gymnasien ist schliesslich ihr stark *arbeitsteiliges System*. Der Leistungsdruck zwingt sie zur Anhäufung eines grossen Wissens. Deshalb kultivieren sie vor allem das Gedächtnis und lassen sich zur Vernachlässigung des selbständigen Denkens verleiten. Der Verstand wiederum dominiert über die Sinne und vor allem über die Hände. Das dahinterstehende Menschenbild gleicht einem Antes-Typ: Der Mensch *ist* ein Kopf, der auch noch Beine *hat*, um vorwärts zu kommen.

Wie tief dieses Bild in den Lehrern selber sitzt, spürt man an ihrer leisen Verachtung gewisser Kollegen. Der Zeichenlehrer, der Singlehrer, der Turnlehrer: sie sind die geduldeten Anhängsel der Gymnasien. Als ob etwas wie ein Neid auf das gesunde Körpergefühl da wäre, etwas wie ein Hass auf den kreativen Gebrauch der Hände und etwas wie Misstrauen gegen den nicht bloss vom Verstand gelenkten Gebrauch der Stimme. Nur weil die Lehrer sich im Getto dieses rudimentären Menschenbildes aufhalten, sind sie einspannbar in ein Leistungssystem, das den Verstand kultiviert und ihn dann auf dem Markt als das anbietet, was schon Luther in ihm gesehen hat: als Hure, die allem und jedem dient.

e) In die Mühle der Routine geraten die Lehrer fast unweigerlich durch die an sich notwendige *Professionalisierung* ihrer Rolle. Sie sind, als Staatsbeamte, denen man am liebsten auch noch den Treueeid abfordern möchte, eingespannt in eine Bürokratie, die Voraussetzung der Verwaltung von immer grösseren Schuleinheiten ist. Technokratische Erziehungsbeamte, die ihr Leben der Aesthetik der Verwaltung weihen, liefern die Organigramme, sichern die Verordnungswege von oben, reduzieren die Selbst- und Mitbestimmung der Lehrerschaft und schliessen die Kontrolle der Öffentlichkeit aus. Am Ende steht die schreckliche Vision: In vorgegebenen Strukturen wird vorgegebenen Zielen mit vorgegebenen Mitteln nachgejagt – ein Leben lang.

Diese Dauer aber ist das Zerstörende, Einengende. Empirische Untersuchungen haben gezeigt, dass sich Anwärter auf das Lehramt in ihrer Abneigung gegen Routine, Abkapselung und direktives Verhalten kaum von anderen Menschen unterscheiden (3). Wer aber 10 und mehr Jahre in der Mühle war, der wird meistens geprägt (4): er neigt zum Glauben an die Notwendigkeit des so organisierten Schulsystems, oder er hat die Hoffnung verloren, als Einzelner gegen die bestehenden Missstände anrennen zu können. In der Resignation beugt er sich dem Druck und tut, was er nicht möchte.

Die für den Lehrer vom Schulsystem ausgehenden Hauptgefahren scheinen mir also zu sein: Der beständige Leistungsdruck der Gymnasien treibt in die Routine, ihr insularer Charakter macht weltfremd und der arbeitsteilige Charakter verengt das Menschenbild. Wer diesen Gefahren lange und ohne grössere Unterbrechung ausgesetzt ist, kann ihnen nur schwer widerstehen. Weltfremdheit, Enge des Menschenbildes und Routine können dann zu objektiven Merkmalen der déformation professionelle werden. Sie haben nun einen Getto-Charakter: der Lehrer ist in sie eingeschlossen, und was er tut, ist durch sie geprägt und begrenzt.

III. Wie die Lehrer sich selber in das Getto treiben

Gegen diese aufgezeigten Gefahren mag man einwenden, dass die Schule ja auch das doppelte Gegenmittel liefert: den kooperativen Umgang mit Kollegen und den jede Verfestigung wieder aufbrechenden Umgang mit immer neuen Schülern.

Aber gerade von diesen Gegenmitteln kann eine besondere Getto-Wirkung ausgehen, und zwar weitgehend durch das Versagen der Lehrer:

a) Es gibt an allen Gymnasien eine *Zusammenarbeit der Lehrer,* und sie ist meist institutionalisiert in der allgemeinen Lehrerkonferenz, den Fachkonferenzen und den Klassenkonferenzen. Diese Zusammenarbeit dreht sich gelegentlich um Lehrmittel, seltener um Lehrziele, öfters um allgemeine oder anfallende Probleme der Schule und häufig um die Zensurierung von Schülern und Klassen.

Entscheidend scheint mir indes zu sein, dass diese Kooperation vor dem Schulzimmer halt macht. Es kommt praktisch nicht vor, dass Fachlehrer dem Unterricht eines Kollegen beiwohnen und dann mit ihm gemeinsam die Stunde besprechen. Dadurch sieht der Lehrer seine Arbeit nie im Spiegel der Kritik kompetenter Fachkollegen.

Das bedeutet: der Lehrer ist in der konkreten Arbeit von seinen Kollegen verlassen. Er ist einsam. Er hat es deshalb schwer, sich bewusst zu werden, was er tut und wo er sich ändern sollte. Er muss den gefährlichen Weg der ausschliesslichen Selbstkritik gehen. Aber wo ist, so ohne Aussenspiegel, ihre Objektivität verbürgt? Die Einsamkeit verführt leicht zu Selbstgerechtigkeit, Selbstgenügsamkeit und Stagnation.

b) Die grösste Gefahr für den Lehrer liegt dort, wo sich letztlich entscheidet, was und wer er als Lehrer ist: in seiner Kommunikation mit den Schülern und in der Vermittlung einer Sache an sie.

Das *Lehrer-Schüler-Verhältnis* ist durch einen Akt der Verwaltung gesetzt. Durch diesen Akt wird der Lehrer dem Schüler als Herr auferlegt. Der Lehrer ist vorerst Autorität (5) Kraft dieses Aktes und Kraft seines Amtes. Er bedarf darin als Autorität keiner weiteren Legitimation. Seine *Amtsautorität* ist Autorität durch Macht (deontische Autorität), die sich auf die Möglichkeit der Sanktion durch Zensur, Remotion und Relegation abstützt. Sie gibt ihm das Recht, den Unterricht zu leiten.

Es ist die grosse Versuchung des Lehrers, sein Verhältnis zu den Schülern auf diese Amtsautorität zu gründen oder doch in schwierigen Situationen eilig auf sie zurückzugreifen. Sie bietet ihm ein subtiles Instrumentarium des pädagogischen Terrors. Gymnasiallehrer haben dieses Instrumentarium in Interviews zustimmend so beschrieben:

Man lässt keinen Schüler aus den Augen. Jeder muss damit rechnen, dass er dauernd drankommen könnte. Man verbietet strikte Vorsagen, Abschreiben und Schwatzen. Dann ist jeder als Vereinzelter ein unterlegenes Subjekt. Man strafft die Zügel durch Drohen und Blamage; denn man darf 'ruhig doch mal so ein bisschen quälen'. Man greift augenblicklich zum Druckmittel der Zensuren und zeigt so, 'was man kann'. Oder man verzichtet plötzlich auf alle Macht, und steigt, die Schüler überspielend, als Sieger aus dem 'Gespräch'.

Hilft das nicht, so legt man sich den Ruf zu, 'eine ganz gemeine Ziege zu sein' und schüchtert damit ein. – Gerechtfertigt ist aber all das, weil der Lehrer 'alleine vor dem Feind zurecht kommen' muss, und dieser Feind ist der Schüler (6).

Es kann kaum ein Zweifel sein: Der Rückgriff des Lehrers auf die nackte Amtsautorität und ihre Tricks führt in das Getto eines stereotypen Feindbildes und treibt ihn in den Hass. In ihm parodiert er, als Dompteur des Schülermaterials, die Macht, ohne zu ahnen, in welchem Ausmass er selber das Opfer der Macht ist.

Ein Lehrer spricht: 'Ich habe etwas zufällig an mir, ich würde auch Disziplin haben ohne einen guten Unterricht. Ja? Ich habe mal einen Hund gesehen, der richtig vor mir Angst bekam, weil ich ihn so ansah, nicht? Also, vielleicht ist da irgend etwas drin in mir, was, man weiss ja nicht' (7).

Ein Lehrer antwortet: 'Der Junge ist zu vergleichen mit einem hochwertigen Pferd oder Hund. Der Hund will die straffe Hand des Herrn haben ... Je edler und je aufnahmebereiter und je fähiger der Schüler ist, um so mehr verlangt er eine starke Führung. – Das ist nun mal unumgänglich' (8).

Je älter die Schüler werden, desto weniger sind sie bereit, diese blosse Amtsautorität als Autorität anzuerkennen. Sie verlangen nach einer Legitimation (9) der Autorität des Lehrers. Sofern dieser eine Lehrer-Persönlichkeit ist, suchen sie diese Legitimation im ganzen persönlichen Habitus des Lehrers. Sie anerkennen dann in der Folge die *persönliche Autorität* oder lehnen sie ab. Falls der Lehrer auf sie Anspruch erhebt, ist er schon das Opfer seiner Eitelkeit. Er fällt, wenn die Schüler die Anerkennung versagen, in die Furcht vor dem Kontakt und in den heimlichen Hass des ewig Gekränkten. Er wird sich in das Gehäuse der rigiden Formen retten und darin verkümmern. Pedanterie, Starrheit, Misstrauen und Humorlosigkeit werden seinen Unterricht zu einer Qual machen – auch für ihn.

Sofern der Lehrer Fachlehrer ist, suchen die Schüler die Legitimation der Autorität in der fachlichen Kompetenz. Diese *Autorität des Wissens und Könnens* (epistemische Autorität) muss sich immer neu legitimieren. Dadurch gerät der Lehrer in eine ständige Legitimationskrise, die zu einer neuen Gefahr wird:

Die epistemische Autorität des Lehrers ist als Vorwissen gesichert. Sie ist aber nicht gleichermassen gesichert als Fähigkeit des selbständigen Denkens in spontan auftauchenden Fachproblemen. Es kann unbefangenere, originellere Schüler geben und auch Schüler mit grösserer Intelligenz, die dann seine Autorität in Frage stellen. – Wie wird der Lehrer also seine Autorität legitimieren? Indem er das Wissen dem Denken vorzieht. Eine Untersuchung hat ergeben, dass 83% der Lehrer für die Orientierung des Unterrichts am Wissensstoff sind und nur 17% ihn eher an der Entfaltung von Denkprozessen orientieren möchten (10). Die Wissens- und Lernschule schützt die Autorität des Lehrers, aber dieser Schutz geht zulasten der Spontaneität, der Beweglichkeit, der Innovationsfreudigkeit des Denkens. Er ist kontraproduktiv.

Was wir eben säuberlich getrennt haben: Amtsautorität, persönliche und epistemische Autorität tritt in den Ansprüchen der Lehrer oft als ein wirrer Knäuel auf. – Wo die persönliche Autorität nicht anerkannt wird, schiebt man den Anspruch auf die amtliche vor oder nötigt durch das Paradieren mit Wissen zur epistemischen. All das spielt sich aber nicht in einer freien Atmosphäre ab, sondern unter dem Druck eines hochgradigen Leistungssystems, das, im Namen der Effektivität der Wissensschule, nach einer autoritären Verkürzung des Lehrer-Schüler-Verhältnisses verlangt.

Was dann wird, zeigt sich in der Sprache. Sie wird monologisch, direktiv. Nach einer empirischen Untersuchung spricht der Lehrer durchschnittlich 60 bis 80% aller Wörter im Unterricht, also 30 bis 50 mal so viel wie jeder einzelne Schüler. In 30% der Unterrichtsstunden tauchen keine Schülerfragen auf. Der *Lehrer* fragt, aber lenkungsbezogen, zur Steuerung des Schülerverhaltens. Gelegentlich sind bis zu 90% seiner Äusserungen Befehle. In einzelnen Stunden werden bis zu 100 Befehle erteilt (11). Das dialogische Prinzip ist dann völlig aus dem Unterricht verschwunden. Er ist autoritär.

In diesem autoritären Unterricht aber wird die an sich bestehende Asymmetrie des Lehrer-Schüler-Verhältnisses bis zum Exzess strapaziert. Die Schüler sind nur noch Empfänger; dennoch haben sie, beim Versagen des Unterrichts, die Lasten zu tragen. Sie sind nicht schlecht unterrichtet, sondern schlechtes Material. Sie werden als Personen gar nicht anerkannt, damit die eine Person des Lehrers ganz dominiert. Weil der Lehrer aber so die Kommunikation mit den Schülern abbricht, vereinsamt er selbstverschuldet. Er wird verschlossen, kontaktgestört, unkritisch, rechthaberisch, unfähig zu lernen. Indem er die Beziehung zum Schüler zerstört, zerstört er sich selber als Lehrer.

Dass also der Lehrer in seiner konkreten Unterrichtsarbeit von seinen Kollegen verlassen wird und dass er im autoritären Unterrichtsstil die Schüler verlässt, steigert nur den gleichen

Getto-Effekt der Vereinsamung und dessen Folgen.

IV. Warum denn nicht?

Aus den Hinweisen, die ich hier summarisch auf *das mögliche Getto* der Lehrer-Existenz gegeben habe, lässt sich idealtypisch ein Gesamtbild zeichnen:

Die Gesellschaft, das bestehende Schulsystem und die andauernde Schularbeit haben die Tendenz, den Lehrer in eine Enge zu treiben, die ihn zunehmend abschliesst. Sie fixiert in ihm ein verkleinertes und verspätetes Weltbild und macht ihn weltfremd. Sie führt ihn in die latente bis offene Apolitie ohne Kenntnis der sozialen und ökonomischen Strukturen und macht ihn gesellschaftsscheu. Sie entfaltet ein verkümmertes, aber humanistisch-christlich überhöhtes Menschenbild, das der konkreten Menschenliebe abträglich ist. Sie kapselt zugleich existentiell ab, hemmt das Verstehen anderer Menschen, drängt in die Kontaktschwäche, in die Einsamkeit, Verschlossenheit und darin in die Selbstgerechtigkeit. Sie gewährt Unterschlupf und Sicherheit in den Gehäusen der rigiden Formen und der kleinen Ordnung: in stiller Disziplin, Starrheit, Pedanterie —, und sie setzt das persönliche Heil in die Musterhaftigkeit der platten Ideale. Sie fürchtet Freiheit und Offenheit, sei es nun die des spontanen Denkens, des kreativen Handelns oder der problematischen Existenz. Wo sie ihnen begegnet, muss sie misstrauisch normieren oder im getarnten Hass zerstören.

Kein Lehrer ist bloss der Reflex dieses Gettos. Keiner muss sich in ihm einschliessen lassen. Aber jeder wird zuweilen gegen seinen Sog zu kämpfen haben.

Soll man indes überhaupt dagegen kämpfen? Gab es nicht ganze Zeitalter, in denen das Schulungssystem, auf einem völlig schiefen Weltbild fussend, in fast totaler Abkapselung strikt auf Autorität gegründet war und doch Grosses leistete? Funktioniert denn das bestehende Schul-System nicht akzeptabel? Wozu mehr Offenheit, mehr Freiheit, wenn vielleicht gerade die Geschlossenheit etwas Bergendes hat, das junge Menschen brauchen?

Ob Freiheit besser sei als Zwang, Offenheit besser als Verschlossenheit, Geschmeidigkeit besser als Rigidität lässt sich nicht allgemein wissenschaftlich ausmachen. Aber vom Sinn des Unterrichts her kann und muss der Lehrer sich entscheiden:

Falls er setzt, dass Schulung auch Bildung und Bildung der Weg zum freien Urteil, zur Wahrheitsfindung und zur Klarheit des eigenen Willens ist, dann muss er die Freiheit des Denkens und in ihr die Freiheit des Schülers wählen.

Falls er setzt, dass Bildung etwas mit dem Ausgang des Schülers aus der fremd- und der selbstverschuldeten Unmündigkeit zu tun hat, dann muss er Unterdrückung verwerfen.

Falls er setzt, dass Lernen ein Weg zum Verstehen des noch Fremden ist, dann muss er gegen die Verschlossenheit die Offenheit wählen.

Falls er schliesslich setzt, dass sein Unterricht die Neugierde des Schülers, seine Beobachtungsgabe, seinen kritischen Sinn, die schöpferische Intelligenz und die Einbildungskraft wecken soll, dann muss er gegen Rigidität und Routine die Geschmeidigkeit des unmittelbaren Dabeiseins wählen: die interessierte Lebendigkeit (12).

Wenn er aber so für die Schüler wählt, kann er nicht für sich die entgegengesetzte Wahl treffen. Wie er für sich entscheidet, schliesst den Entscheid für die Schüler ein.

Zu denken aber, dass man zugleich die hohen pädagogischen Ideale *und* die Verschlossenheit, die Rigidität, die Routine, das Autoritäre wählen kann, zeigt nur an, dass man die Ideale, zu denen man sich bekennt, nicht wählt. Dass man zu diesen Idealen selbst dann sich bekennt, wenn man sie nicht wählt, weist darauf hin, dass sich auf Verschlossenheit, Rigidität, Routine und pervertierter Macht kein vernünftiges pädagogisches Ideal denken lässt. Unter der Bedingung des Gettos ist Schulung verderblich: für den Lehrer, den Schüler und die Gesellschaft. Deshalb muss der Lehrer das Getto verlassen.

V. Von der Möglichkeit, das Getto zu verlassen

Das Gefangensein im Getto kann sich zu einem Krankheitsbild ausprägen. Wir wissen aus psychiatrischen Statistiken, dass keine andere Berufsklasse so viele Kontaktgeschwächte und Vereinsamte aufweist wie die Lehrer. Wie in solchen Fällen ärztliche Hilfe möglich ist, vermag ich als Laie nicht zu sagen. Ich spreche hier nur von jenen relativ kleinen Veränderungen, die es verhindern, dass der Getto-Effekt überhaupt Macht bekommt.

a) Wichtig wäre es, dass die Öffentlichkeit weder mit überhöhten noch mit zerstörenden Lehrerbildern an den Lehrer herantritt. Er hat ein Anrecht darauf, ein ganz gewöhnlicher

Mensch zu sein. Insbesondere soll er politisch frei denken und sprechen dürfen. Er ist weder der Propagandist seiner selbst, noch der einer Gruppe, noch jener der Nation. – Sein Privatleben darf keiner anderen Kontrolle unterzogen werden, als der durch das Strafrecht. Er braucht den Spielraum seiner privaten Existenz ebenso dringend wie jeder andere Mensch. Vom Konformitätsdruck und vom Druck, ein Musterknabe zu sein, befreit, würde er frei für die öffentliche Sorge nach dem Sinn der Schule. – Wenn aber die Gesellschaft ihm diese Grundrechte nicht gewährt, dann muss er sie sich herausnehmen im unbeirrbaren Anspruch auf seine Freiheit. Es ist besser, mit der Öffentlichkeit in einen Freiheitskonflikt zu geraten, als in der Konformität friedlich zu verkümmern.

b) Wahrscheinlich wird die Schule immer ein Leistungssystem bleiben. Aber 'Leistung' braucht nicht zu bedeuten 'Reproduktion des öffentlichen Konkurrenzsystems' und nicht 'Häufung von sinnlosem Wissensballast unter ständigem Zeitdruck'. Paukerei ist unumgänglich etwa im Lehren fremder Sprachen. Aber das Lehren der Mathematik, der Naturwissenschaften, der Geschichte und der Muttersprache öffnen der wahrhaften Bildung viele Felder. Es genügt, das Prinzipielle klar zu vermitteln und es dann an wesentlichen Details der Anschauung und dem kritischen Denken möglichst nahe zu bringen, sodass die ganze Vernünftigkeit des Schülers in eine Sache eindringt und sich an ihr formt. Der Rest kann gleich von Anfang an über Bord gehen, statt nach einer langen Phase der quälenden Zeitvergeudung in das Vergessen zu sinken. Auf diese konkrete Arbeit hin müssten auch die Lehrmittel konzipiert sein, mehr bedacht auf die bildende Funktion des Unterrichts als auf die geschlossene Wiedergabe eines wissenschaftlichen Systems im Kleinformat. Der freie Umgang mit dem Stoff schafft Zeit für das Wesentliche und befreit aus der Mühle und aus dem Zeitdruck.

c) Entscheidend scheint mir angesichts der Professionalisierung der Lehrerrolle zu sein, dass der Lehrer aus ihr periodisch entlassen wird, hinausgeht in die Welt der Erwachsenen, in einen offenen, noch unbekannten Raum. Das setzt freie Zeit voraus. Da sie ihm schon in grossem Ausmass gewährt wird, kann er von der Öffentlichkeit kein weiteres Geschenk erwarten. Aber eine Lösung wäre doch denkbar: Die Lehrergehälter sind heute in den meisten Kantonen hoch. Der Gymnasiallehrer könnte institutionell sein 13. Monatsgehalt abtauschen gegen ein jeweiliges 13. vollbezahltes Freisemester. So müsste er immer nach 6 Jahren für ein halbes Jahr aus der Abschirmung heraus. Das könnte Vieles bewirken, für seine Weiterbildung, seine Weltkenntnis und seine innere Freiheit.

d) Die Zusammenarbeit mit den Fachkollegen könnte nach den Regeln des Team-Teaching (13) geordnet werden. Man würde nicht nur gemeinsam die nahen und die fernen Unterrichtsziele besprechen, sondern mehrmals monatlich in Anwesenheit von Kollegen unterrichten und mit ihnen die Unterrichtsarbeit offen analysieren. Dadurch sähe der Lehrer seine Arbeit auch im Spiegel einer kompetenten Fremdkritik. Seine Selbstkritik fände ein Korrektiv und könnte gar nicht in Selbstgerechtigkeit und Verschlossenheit enden.

e) Von entscheidender Wichtigkeit für die Befreiung des Lehrers ist sein Verhältnis zu den

Schülern. Über das Problem der Autorität in diesem Verhältnis sind zwei Thesen herrschend. Die eine sagt, dass Autorität weder dem Lehrer noch dem Schüler zukommt, und begründet das mit der beiderseitigen ständigen Bereitschaft, Kritik entgegenzunehmen. Die andere sagt, dass Autorität nur dem Lehrer zukommen kann und begründet das mit dem Vorwissen und seiner Vermittlung. Ich halte beide Theorien für falsch.

Unter Autorität verstehe ich hier anerkannte Geltung. Persönliche Autorität ist demnach anerkannte Geltung einer Person als Persönlichkeit, epistemische Autorität anerkannte Kompetenz in einem Wissensbereich.

Es ist nun nicht einzusehen, weshalb die anerkannte Geltung der Person als Persönlichkeit nicht sein darf oder für die Person des Lehrers reserviert bleiben muss. Sicher ist die Persönlichkeit des Lehrers anders als die des Schülers. In der ersten werden vielleicht Reife, Klarheit, Sachlichkeit anerkannt, in der zweiten Geschmeidigkeit, Weite des Möglichen, Hoffnung. Persönliche Autorität ist so zwar nicht ein symmetrisches, aber der Möglichkeit nach doch ein wechselseitiges Verhältnis.

In der epistemischen Autorität scheint das anders zu sein. Der Fachlehrer ist in seinem Gebiet durch Vorwissen allein der Wissende. Aber in der produktiven Intelligenz und in der Phantasie kann der Schüler ihm auch in seinem Fach gleichkommen oder überlegen sein. Es gibt auch hier keinen hinreichenden Grund zur generell einseitigen Autorität. Da der gute Lehrer heimlich immer hofft, vom Schüler überholt zu werden, muss er in ihm zumindest der Möglichkeit nach die Kompetenz sehen, sie herausbilden und sie schon darin anerkennen.

Ich neige aus diesen Gründen zu der These,

dass Autorität am Gymnasium aufgefasst werden muss als ein Verhältnis, das *wechselseitig* sein kann und soll.

Wenn der Lehrer Autorität so versteht, wird er all die Tricks und Praktiken aufgeben, die die Person des Schülers unterdrücken oder eliminieren. Sein Unterricht ist dann kommunikativ, wirklich Menschen zugewandt, durch ihre Lebendigkeit bewegt und ihrer Kritik offen. Er weiss, wofür er Lehrer ist. Er hat ein Anliegen. Darin entfaltet sich seine Freiheit (14).

Anmerkungen

1) Zum Lehrerbild in der Gesellschaft s. Gisela Müller-Fohrbrodt: Wie sind Lehrer wirklich? Ideale – Vorurteile – Fakten. Eine empirische Untersuchung über angehende Lehrer, Stuttgart 1973, bes. pp. 11 - 32, sowie die dort angegebene Literatur.
2) Helga Zeiher: Gymnasiallehrer und Reformen. Eine empirische Untersuchung über Einstellungen zu Schule und Unterricht, Stuttgart 1973, pp. 166 - 179, bes. p. 176, 178.
3) S. dazu vor allem das bereits zitierte Werk von Gisela Müller-Fohrbrodt, bes. ab p. 33.
4) Dazu Helga Zeiher, a.a.O., bes. pp. 196 - 208, wo die Aufschlüsselung zwar nicht nach Dienstjahren, sondern nach Altersjahren erfolgt, aber doch Rückschlüsse zulässt.
5) Vgl. J.M. Bocheński: Was ist Autorität? Einführung in die Logik der Autorität, Herderbücherei 439, Freiburg/Br. 1974. – Die Terminologie 'deontische' und 'epistemische' Autorität ist von Bocheński übernommen, ohne dass ich mich damit seinem autoritären Autoritäts-Verständnis anschliessen möchte.
6) Die Zitate aus den Lehrer-Interviews sind entnommen dem zitierten Werk von Helga Zeiher, pp. 29 ff.

7) A.a.O., p. 31.
8) Aus einem Interview in: Gerwin Schefer: Das Gesellschaftsbild des Gymnasiallehrers, Frankfurt/M. 1969, p. 73.
9) Vgl. dazu: Roland Reichwein: Autorität und autoritäres Verhalten bei Lehrern. Soziologische Aspekte des Autoritätsproblems in der Schule. – In: Neue Sammlung, 7. Jg. (1967), Heft 1, pp. 20 - 33.
10) S. Helga Zeiher, a.a.O., pp. 154 ff.
11) Das Material ist entnommen: Rainer E. Kirsten: Lehrerverhalten. Untersuchungen und Interpretationen, Stuttgart 1973, pp. 42 - 47.
12) Vgl. dazu: Jeanne Hersch: Der Lehrer in der heutigen Krise. In: Jeanne Hersch: Die Unfähigkeit Freihiet zu ertragen. Reden und Aufsätze, Zürich – Köln 1974, pp. 148 - 161.
13) Dazu Klaus W. Döring: Lehrerverhalten und Lehrerberuf. Zur Professionalisierung erzieherischen Verhaltens. Eine Einführung, Weinheim und Basel 1973, 5. Aufl., pp. 193 ff.
14) Zur Auseinandersetzung mit dem Vortrag s. Markus Schmid, Wissen wir, was wir tun (sollen)? – In: nz am wochenende 19. Juli 1975. Diskussion von Montreux. – In: Der Lehrer: Vorstellungen und Wirklichkeit. Bericht über die Studienwoche Montreux 7. - 12. April 1975, Kriens/Luzern 1975, pp. 157 ff.

Der Lehrer und die Politik

Die Frage, ob Lehrer Politiker und Politiker Lehrer sein sollen, ist alt. Sie setzt still voraus, dass es überhaupt unpolitische und politische Lehrer gibt. Die Erfahrung scheint dieser Voraussetzung recht zu geben. Einige von Ihnen werden aktiv im politischen Leben stehen und sich so selber als politische Existenzen verstehen – andere nicht. Der Lehrer hat offenbar die Wahl, in der Gesellschaft politisch zu wirken oder auch nicht.

Sobald man allerdings diese Alternativen bedenkt, wird etwas fragwürdig. Sicher steht es dem Lehrer frei, dieses oder jenes politische Amt anzunehmen oder auch nicht, in eine Partei einzutreten oder auch nicht, und es steht ihm frei, in den Unterricht politische Fragen einzubauen oder sie auszusparen. Aber wie immer er da entscheiden mag: *eines* steht ihm nicht frei: Indem er *Lehrer ist, hat* er eine *politische Rolle* in der Gesellschaft und übt er politische Funktionen aus. Ja, man darf ohne Übertreibung sagen: In jeder modernen Gesellschaft nimmt der Lehrer eine *politische Schlüsselstellung* ein. Objektiv betrachtet, gibt es den unpolitischen Lehrer nicht. Die Wahl des Lehrers heisst nicht: Ob Politik oder nicht, sondern nur: welche Politik?

Wenn also ein Lehrer sich subjektiv als unpolitisch versteht, dann klammert er nur seinen objektiven Standort in der Gesellschaft aus. Er lebt, kurz gesagt, in einem falschen Bewusstsein.

Die These meines Referats besagt nun etwa:

Da der Lehrer in der Gesellschaft je schon eine politische Rolle innehat; da er im Unterricht, ob nun bewusst oder unbewusst, unweigerlich auch politisch wirkt, bleibt ihm, in Redlichkeit, nur der Weg, eine politisch bewusste Gestalt zu werden und sich dann als das zu bekennen, was er ist. Er wird so auch zum politischen Erzieher. Dadurch aber tritt er reflektiert in den politischen Raum, der nicht ein Raum der sozialen Harmonien, sondern der Konflikte ist. Wenn er das tut, kann er, ob nun als Bürger oder als Lehrer, selber zum Gegenstand von Konflikten werden, die gegen ihn, eben weil er eine wichtige politische Funktion hat, mit besonderer Härte und Gereiztheit ausgetragen werden. Als Einzelner ist er dann nahezu machtlos, wenn ihn nicht die Solidarität der Lehrer, der Schüler und der Eltern zu halten versucht. – Seine Politik aber sollte bestimmt sein durch das Ideal der Erziehung. Nur dann werden in ihm Politik und Erziehung zur Einheit.

I. Von der politischen Schlüsselstellung des Lehrers

Wie könnte man nun die politische Schlüsselstellung des Lehrers näher umschreiben?

Ich streife nur kurz, dass der Lehrer in der Schweiz im Bund und in verschiedenen Kantonen das passive Wahlrecht hat, also in politische Ämter und in die Parlamente wählbar ist. Ich brauche Ihnen nicht näher darzulegen, dass seit längerer Zeit der Lehrerbestand auf den Ebenen der Kommunal-, der Kantonal- und der Bundespolitik in einem solchen Ausmass ein staatstragender Stand ist, dass er aus dem öffentlichen politischen Leben nicht wegzudenken ist. Dass seine Beamtung nicht überall mit dem Verlust der passiven Wählbarkeit verknüpft worden ist, hat zweifellos das politische Bewusstsein der Lehrer als Bürger gehoben und gestärkt (1).

Etwas näher aber möchte ich eingehen auf die verborgenere politische Rolle des Lehrers *als Lehrer*. Man kann sie von zwei Blickpunkten her sehen: vom Staat und vom Schüler.

Jeder moderne Staat, ganz gleich welcher Ideologie, ist in einem nie gekannten Ausmass auf Schulung angewiesen. Die Planung, die Versorgung des Landes, die Wirtschaft, die ganze Verwaltung und was immer noch lebenswichtig für ihn sein mag, ist ohne Wissenschaft und Technik, ohne geschulte Fachkräfte und ohne ein hohes durchschnittliches Bildungsniveau der Bevölkerung nicht mehr funktionsfähig. Verlässliches Wissen und Können werden im wissenschaftlich-technischen Zeitalter zum Kern eben dieses Zeitalters und all seiner Systeme. Da moderne Staaten gezwungenermassen mobile Systeme sind, ist als dritte grosse Kraft die wissenschaftlich-technische Phantasie ein notwendiges Grundelement. Der Lehrer aber ist *der berufsmässige Vermittler* dessen, wovon das Zeitalter abhängt. Wenn er auch meist nicht selber Wissenschafter oder Techniker ist, so lehrt er doch die Grundelemente aller Wissenschaft: Lesen, Schreiben und Rechnen und die Anfänge vieler Wissenszweige. Er weckt, oft als erster, all das, was später den Wissenden auszeichnen müsste: die Neugierde, das Erlebnis von Erkenntnis, das kritische Denken, die Phantasie. Dadurch wird er gleichsam zum Fortzeuger der geistigen Voraussetzungen des Zeitalters und damit zu seinem Garanten. Dass er in all dem nur ein Anfang ist, mindert seine

Bedeutung nicht. Der Anfang ist das Wesentliche.

So wie er die geistigen Voraussetzungen für die Reproduktion des Zeitalters in der künftigen Generation schafft, so soll er, und dies verlangt von ihm nun der jeweilige Staat in seiner ideologischen Gebundenheit, durch Unterrichtsformen und Unterrichtsstoff in der neuen Generation auch die Wertwelt des Staates und der Gesellschaft reproduzieren. Den Staat gibt es noch nicht, der vom Lehrer nicht verlangte, dass er gute Bürger heranbildet. Die Schule wird so zu einem Instrument der künftigen Steuerung, der Lehrer gleichsam zum Steuermann, der, immer nach dem Willen des Staates, die Schüler zur Gegenwartsstruktur und zu den Zukunftszielen des Staates hinführt.

Das aber bedeutet: Der Staat weiss, dass sein Fortbestehen von der Schule abhängt. Die Schule ist sein Schicksal.

Im Hinblick auf den Schüler hat der Lehrer eine zwiefache politische Bedeutung:

In einer mobilen Gesellschaft, die im festen Glauben lebt, dass der Tüchtige hochkommt (2), *verteilt* der Lehrer durch Selektion *soziale Chancen.* Er stellt die ersten Weichen hin auf den sozialen Rang, die soziale Stellung und die soziale Sicherheit der künftigen Bürger. Er übt so ständig in bezug auf Einzelschicksale Macht aus, die auch die künftige soziale Schichtung des Staates mitbestimmt. Noten-geben ist insofern ein politischer Akt.

Noch wichtiger scheint mir zu sein: Der Schüler tritt zwar nicht als ein ungeformtes, ganz offenes Wesen in die Schule ein; aber doch als ein form- und lenkbares. Durch das grössere Vorwissen, die gefestigtere Persönlichkeit, durch die weit längere Sprechzeit während des Unterrichts, durch natürliche oder angemasste Autorität und durch verschiedene

Machtmittel wirkt der Lehrer formend auf die Meinungs- und Verhaltensbildung der Schüler ein. Da Schüler, über Jahre hinweg, täglich während mehrerer Stunden, diesem asymmetrischen Verhältnis ausgesetzt sind, bilden sich in ihnen nicht bloss Meinungen, sondern es formen sich Einstellungen (3), die für das Verständnis künftiger Erfahrung eine Filterwirkung haben. Wie man später erfährt, denkt und handelt, das ist meist durch Elternhaus und Schule ganz wesentlich vorbestimmt worden. Da ein Lehrer aber *viele* Schüler unterrichtet, geht von seinem Denken und Handeln ein *Multiplikationseffekt* aus. Dies ist der Grund, weshalb er für den Staat als Vermittler so interessant ist.

Dieser Multiplikationseffekt bekommt ein politisch umso grösseres Gewicht, je direkter eine Demokratie ist. Wenn das Volk nicht bloss wählen, sondern über Gesetze abstimmen, Beschlüsse durch Referenden zu Fall bringen und Initiativen ergreifen kann, dann wird der Multiplikator zu einem politischen Potential.

Falls es zutrifft, dass der Lehrer sein Zeitalter und seine Gesellschaft garantiert, dass er durch Chancenverteilung die künftige soziale Schichtung des Staates mitbestimmt und dass er als Multiplikator Denken und Handeln künftiger Bürger vorformt, dann wird der Staat versuchen, seine politische Macht zu kontrollieren. – Wie hat er es grundsätzlich getan?

Er hat weitgehend das *Monopol* der Schulung übernommen und sich zur alleinigen Kontrollinstanz der Schule gemacht. Er hat dem Lehrer die Verpflichtung auferlegt, sich im Unterricht aller politischen Propaganda zu enthalten. Er hat so die politische Freiheit des Lehrers als Lehrer begrenzt. Er hat zugleich die Lehrer von Beruf *beamtet.* Das war und ist ein ökonomisches Privileg – mit einem politischen Pferdefuss. Denn selbst wo diese Beamtung das passive Wahlrecht unangetastet lässt und auf den Treueeid verzichtet, also doch wohl eine Beamtung besonderer Art ist, wird sie von den Vertretern der Herrschaft als Anrecht zur staatlichen Begrenzung gewisser Freiheitsrechte gedeutet. Der Staat hat der politischen Freiheit des Lehrers *als Lehrer* Grenzen gesetzt, die oft seine Vertreter missbräuchlich auch dem Lehrer *als Bürger* auferlegen. Dann aber wird die Beamtung zum Bestechungs- und Schmerzensgeld des Staates für die politische Unterwerfung des Lehrers. Die Versuchung zu diesem Missbrauch ist für den Staat so gross, gerade weil er um die politische Rolle des Lehrers weiss.

II. Von der Tendenz des Lehrers, aus den Schwierigkeiten seiner politischen Rolle zu fliehen

Wenn der Lehrer sich seiner politischen Schlüsselstellung bewusst wird, sieht, dass er die Wahl nicht hat, unpolitisch zu sein, und sich deshalb entschliesst, politisch zu wirken, dann steht er, ineins Bürger, Erzieher und Beamter, vor drei grossen Problemen:

1. Er ist *Bürger und Beamter.* Der Staat beschneidet ihm seine politischen Rechte nicht, aber er erwartet von ihm die politische Mässigung und Loyalität eines Beamten. Soll er nun ein Politiker zweiter Klasse werden, ein Politiker, der nicht an die Grenzen seines politischen Denkens gehen darf? Ist er zur Kontinuität des gegebenen Staates verdammt oder trägt er politische Verantwortung für die immer notwendige Umwandlung des Staates?

2. Er ist *Bürger und Erzieher*. Wenn er nun eine politische Überzeugung als Bürger gewonnen hat, soll er sie als Erzieher wieder verleugnen: mit Neutralität zudecken? Soll er seine Person derart aufspalten, dass er als Bürger politisch und als Lehrer unpolitisch ist, oder dass er als Bürger politisch bekennt und als Erzieher politisch verbirgt? Werden darin die Schüler nicht eine fiktive Gesinnung förmlich riechen und ihn dann für unglaubwürdig halten? – Und falls er auch in der Schule bekennt: wie weit darf er dann gehen: bis zur Deklaration seiner Meinung oder bis zur Wirkung für sie?

3. Er ist *Beamter und Erzieher*. Ist er nun der Agent des Staates oder der Anwalt des Kindes? Soll er also mit der Reproduktion des gegebenen Systems auf Anpassung, Loyalität und Identifikation abzielen? Oder soll er, auch im Bereich des Politischen, der Wahrheitsliebe, dem kritischen Denken und der Phantasie unbedingt den Vorzug geben, vor keiner Frage Halt machen und keiner Einsicht zurückschrecken? – Soll er den Staat vor dem natürlichen Rebellentum der Jugend schützen, indem er es geschickt manipulierend bricht; oder soll er die Jugend vor diesem Staat schützen, indem er auf die Möglichkeiten seiner Veränderung aus der Kraft des Rebellischen setzt?

Im Geflecht dieser Schwierigkeiten, eingeklemmt zwischen Selbstgefährdung und Selbstverleugnung, ist wohl die Versuchung für Lehrer gross, *politische Fluchtwege* einzuschlagen:

Man resigniert in politischer Lethargie und verlässt gerade dadurch die Jugend.

Man setzt auf die Kultur und vergisst, dass alle Kultur politische Folgen hat.

Man beruft sich auf die Natur, begründet in ihr die unterschiedlichen Begabungen und die Ungleichheit in der Welt und macht sich was vor, dass sich deshalb nichts ändern lässt (4).

Man glaubt an eine nebulose gesellschaftliche Harmonien-Lehre und verliert in ihr den Sinn für die Realität der politischen Konflikte.

Man flüchtet in die konservative Konformität und sichert darin sein Dasein.

Man versteift sich auf das scheinbar einzig real Geforderte der Schule: auf Leistung, und übersieht die politische Sinnfrage: Leistung wozu?

Oder man schleicht sich davon in die Ewigkeitswerte und versäumt die reale Gegenwart (5).

Aber all diese Fluchtwege vor dem Politischen enden ja doch im Politischen: nämlich in der Bestätigung dessen, was ist, und in der Preisgabe der Kinder und seiner selbst an es.

Wie zeigen sich solche Fluchtwege im Unterricht?

Man zieht sich zurück in eine nivellierende Neutralität, glaubt darin ganz objektiv zu sein und vergisst, dass man ja selber aus einer bestimmten Ideologie spricht und unbewusst die Schüler mit ihr indoktriniert.

Man trifft eine Stoffwahl, jenseits von Gut und Böse; denn wählen muss man ja. Man fabriziert also Lesebücher, in denen die bäuerlichen Berufe im Verhältnis 5 : 1 über die industriellen Berufe vorherrschen (6), und ist so den Problemen der Arbeitskonflikte noch einmal entronnen. Man stellt Singbücher zusammen, die fast ganz in der Harmonie vergangener Jahrhunderte beheimatet sind und sagt, die moderne Musik sei ohnehin unterwandert. Man schliesst sich ab in der Mikrowelt des Schulraumes und missbraucht so die Wahrheit, dass der Bildungsraum für das Kind immer auch ein Schonraum sein muss (7).

Klar greifbar wird der politische Faktor

dort, wo die Geschichtsbücher durch Stoffwahl politisch Brisantes tabuisieren. Wenn etwa ein bernisches Geschichtsbuch 2 Seiten über den Bauernverband, aber kein Wort über Gewerkschaften enthält, 10 Seiten über die Bernischen Wasserkräfte, aber kein Wort über den Generalstreik von 1918, dann treibt es Politik durch Verschweigen von Politik (8).

Wer einsieht, dass die Stoffwahl schon eine politische Komponente enthält, dass die Tabuisierung ein politischer Akt ist und dass unser Sprechen unweigerlich schon politisch eingefärbt ist, wird verstehen, dass er dem Politischen auch im Unterricht nicht entrinnen kann. Man hat die Wahl, sich ihm passiv zu überlassen oder es aktiv mitzuformen. Falls aber Erziehung in einer Demokratie auch Erziehung *zur* Demokratie sein soll, dann gibt es nur die Wahl, im Schüler behutsam, seinem Alter angemessen, den Willen zur künftigen Mitformung zu wecken.

III. Politik im Unterricht

Wie kann der Lehrer das tun? — Ich glaube, auf drei Ebenen: nämlich durch seinen Unterrichtsstil, durch politische Inhalte und als politische Gestalt.

Die Schulklasse ist für das Kind meist der erste grössere Raum, in dem es sozialisiert wird. Der *Unterrichtsstil* in ihr prägt nachhaltig das künftige Sozialverhalten des Menschen. Der Lehrer muss sich deshalb fragen, ob er durch die Form seines Unterrichts künftige Demokratie entfaltet oder verhindert.

Wenn es stimmt, was empirische Untersuchungen ergeben haben, dass nämlich der Lehrer bis zu 80 % aller Wörter im Unterricht spricht, also mehr als 30 mal so viel wie jeder Schüler, dass er täglich an die 200 lenkende Fragen stellt und in einer Stunde bis zu 100 Befehle erteilt (9), dann läuft schon allein durch die Sprache eine Walze über die Kinder hinweg, die sie jedenfalls nicht befreit. Wenn Leistungs- und Notendruck unausgesetzt auf den Schülern lasten, angemasste Autorität keiner Kritik Spielraum öffnet, dann wird sich ein selbständiges Denken nie entwickeln. Und wenn schliesslich die Praktiken des Wettbewerbs den Schüler ständig in die Vereinzelung treiben, dann werden Sozialisierung und Zusammenarbeit verhindert. Wir müssen also einen Unterrichtsstil entwickeln, der Gewalt abbaut, Kooperation fördert, kritisches Denken weckt und Entfaltung der Persönlichkeit ermöglicht. Ich meine keineswegs, dass dies eine total permissive Erziehung sei, aber eine Erziehung, die geordnete Freiheit in sich abbildet, die die Schüler in die Mitverantwortung einführt und sie dadurch Leistung, Gemeinschaft und Kritik bejahen lässt (10).

Eine solche Demokratisierung des Erziehungsstils mag in den Anfängen die Leistung herabsetzen. In aller Geduld muss sich dann der Lehrer erinnern, dass Leistung zwar ein Ziel der Schule ist, aber nicht das letzte.

Welche politischen Fragen und Probleme zum *Inhalt* des Unterrichts werden sollten, hängt sicher stark vom Alter der Schüler ab. In der Oberstufe darf man verlangen, dass Schüler eine Ahnung von unseren politischen Institutionen und von der Verfassung bekommen. Das wird ja im allgemeinen auch geleistet. Aber diese Staatskunde interessiert oft die Schüler wenig und sie genügt auch nicht. Wichtig scheint mir zu sein, im Schüler das Verständnis für die politisch bestimmenden Kräfte zu wecken und ihm so ein Fenster in die Realität zu öffnen. Das kann, jenseits des Fächerkatalogs, bei bestimmten Anlässen geschehen: etwa bei Abstimmungen, während bewegender Weltkonflikte, beim oder nach dem Besuch eines Betriebs. Die Schüler sollten so allmählich das Gespür dafür bekommen und schliesslich die Einsicht erlangen, wie und wodurch politische Freiheit und Gerechtigkeit ermöglicht oder unterdrückt werden, und sie sollten es an vielen Beispielen sich vergegenwärtigen: am Prinzip totaler Herrschaft, in den Verschleierungen liberaler Systeme, in den Mechanismen der Arbeitswelt, in der Kommerzialisierung aller Güter und in der Arroganz der grossen Kapital-, Kriegs- oder Rohstoffmächte und anderswo (11). Dass das klare Sehen von Unterdrückung und Unrecht sich nicht in der blossen Revolte barbarisiert, sondern nach *mehr* Freiheit und Gerechtigkeit verlangt und sucht, also einen politischen Sinn bildet und auch ein politisches Ideal hervortreibt, das scheint mir der eigentliche Sinn dieser Einblicke zu sein. Nicht *dass* wir über das Politische reden, sondern *wie* wir es tun und was wir dadurch im Schüler bewirken, ist wesentlich.

Lassen Sie mich ein Beispiel geben: Angenommen Sie besuchen mit Ihren Schülern einen Betrieb, in dem am Fliessband gearbeitet wird. Nun können Sie in der Schulstube diese Fliessbandarbeit ganz verschieden zum Gegenstand machen:

In einer deutschen Empfehlung zum Fach 'Arbeitskunde' wird dem Lehrer gesagt, er müsse am Fliessband Arbeitstugenden sichtbar machen, nämlich 'Genauigkeit, anhaltende Aufmerksamkeit, Ausdauer und Anpassung an das gemeinsame Tempo' (12). Und so kann man denn ein Lob auf das Fliessband singen, das die Arbeiter tugendhaft machen wird. — Aber dieses Geschwätz ist doch offensichtlich politisch ein Skandal und unter aller Würde. Selbstverständlich muss man davon sprechen, dass es eben Menschenschinderei in der Produktion gibt, Knechtung, ja Zerstörung des Menschen durch Arbeit und dass dem ein Ende gesetzt werden muss.

Ein Lehrer, der politische Themen zum Gegenstand macht, sollte sich gewisse Voraussetzungen erarbeiten. Gut ist es, wenn er selber realpolitische Anschauungen hat, die man ja übrigens auch an ganz kleinen Geschehnissen gewinnen kann. Nötig wäre es, dass er darüber hinaus die grossen politischen Denker studiert, nicht bloss einen, sondern mehrere und Marx nicht ausgespart. Wichtig wäre auch, dass er eine Ahnung von moderner Soziologie hat. Aber zentral ist, dass aus ihm ein politisches Engagement spricht, das ihn als politische Gestalt glaubwürdig macht. Ich meine nicht etwa, dass er aus diesem Engagement Propagandist werden woll. Weil es ihm im Schüler um etwas geht, das mehr ist als jedes politische Einzelziel, nämlich um die Herausbildung der politischen Urteilsfähigkeit, darf sein Denken nicht zur Propaganda (13) werden, nicht zur Suggestion und nicht zur Schmeichelei. Aber er darf und soll seine Meinung bekennen, wenn er sie rational begründet und wenn er, um des Schülers willen, begründend sich auch zum Anwalt von Alternativen macht. Er bewährt sich darin, dass der Schüler dann prüft, ob er auch will, was sein Lehrer will, und vielleicht dagegen entscheidet. Dass er so seine politischen Einzelziele im Schüler auch preisgibt, ohne sie zu verleugnen, qualifiziert ihn zum politischen Erzieher.

IV. Die Lehrer in den Konflikten der Macht

Wenn ein Lehrer als Bürger und als Erzieher zur politischen Gestalt wird, bringen ihm plötzlich Teile der Öffentlichkeit und zuweilen die Behörden eine besondere Aufmerksamkeit entgegen. Diese klingt indes wieder ab, sobald sich zeigt, dass sein politisches Denken und Handeln nicht vorherrschende Interessen mächtiger Gruppen tangiert und nicht Zwekken des Staates zuwiderläuft, die einige seiner Diener voreilig für absolut setzen. Geschieht aber, nach der Meinung der Aufmerkenden, das, so kommt es zum Konflikt.

Wie *entstehen* solche Konflikte? — Beinahe anonym. Sie werden fast immer von Einzelnen in Gang gesetzt, die sich vorläufig im Hintergrund halten, still kontrollieren, das Belastende dank guten Beziehungen an wichtige andere Einzelne weiterleiten, den Lehrer inzwischen sich exponieren lassen, bis das Material ausreicht, um erste Absprachen zu treffen. Der öffentliche Akt der Abrechnung folgt dann meist als Überraschung und als fait accompli. Der Lehrer begegnet so nicht Menschen, sondern Beschlüssen, Schriftstücken, die kaum rückgängig zu machen sind. Hinter ihnen stehen Behörden, gegen die der Kampf nur sehr langsam und institutionell kompliziert laufen kann.

Wer sind, neben dem Lehrer und den Behörden, die *Parteien* im Hintergrund solcher Konflikte? Man kann es nur erahnen aus den Konfliktmotiven. Da in der letzten Zeit derartige Konflikte nicht selten (14) gewesen sind, wissen wir Bescheid über ihre Motive: es sind zum Teil militärische, zum Teil politische, zum Teil auch rein erzieherische, nämlich: Vergehen gegen die Armee, unerwünschte politische Aktivität und Entwicklung von ungewöhnlichen Lehrmethoden. Allein im ersten Fall liegt auf Seiten des Lehrers ein Delikt vor; man kann deshalb den Kampf dort öffentlich begründen. Im zweiten Fall gibt es nur noch ideologische Motive und im dritten muss man schweigend handeln. Lassen Sie mich auf die drei Fälle kurz eingehen:

Bei den Vergehen gegen die Armee handelte es sich in den meisten Fällen um Dienstverweigerung und in einem Fall um die Verteilung von Flugblättern an Rekruten (15). Ich spreche nur von der ersten, grösseren Gruppe:

Den Kampf gegen Lehrer, die den Militärdienst verweigert haben, begründet man etwa:

Diese Lehrer haben sich durch Verfassungsbruch straffällig gemacht. Sie haben es willkürlich ausgeschlagen, ihr Land zu verteidigen, und sie haben darin ihre 'niedere Gesinnung' offenbart. Als Erzieher sind sie untragbar geworden, weil die 'latente Gefahr' besteht, dass sie ihre Schüler in der gleichen Richtung beeinflussen könnten.

Diese Begründung übergeht also, dass es ehrbare Gründe zur Dienstverweigerung geben kann, was sich ja inzwischen herumgesprochen hat. Sie verschweigt, dass diese Lehrer ihre Strafe ja verbüsst haben und dass man für das gleiche Delikt nicht zwiefach bestraft werden darf und sie verdeckt die eigentliche Prämisse des Kampfes, dass der Lehrer nämlich wehrwillige und wehrtüchtige Bürger heranzubilden hat.

In der Motivation sind die Konfliktparteien klar zu erkennen: Politiker und Militärs oder: der militaristische Politiker.

Die Gruppe der Lehrer mit unerwünschter politischer Tätigkeit ist vielfältig:

Man kann in der Schweiz seine Stelle als Lehrer verlieren: wenn man einer falschen

Partei angehört oder mit ihr sympatisiert (Fall Emmen) (16); wenn man in erziehungspolitischen Gruppen mitarbeitet (Bern) (17); wenn man in einer Sektion der PdA einen Vortrag hält über 'Bildungsmöglichkeiten in der Schweiz' (Fall Meier, Zürich) (18); wenn man eine Ausstellung über die 'Geschichte der Schweizerischen Arbeiterbewegung' veranstaltet und ein Dokumentarspiel über den Generalstreik schreibt (Luzern) (19). All das hat eines gemeinsam: man kann in der Schweiz als Lehrer seine Stelle verlieren, wenn man zu weit links (20) steht.

Der Kampf wird dann etwa begründet:

Das Ziel dieser Leute ist die Zerstörung unserer geltenden Staatsform und ihrer Institutionen. Wer das will, ist gesteuert von linksextremen Ideologien. Um ihr Ziel zu erreichen, wählen Extremisten gerade die raffiniertesten Mittel: den Marsch durch die Institutionen und den Einzug in die Schule. Kein Staat wird dieses Trojanische Pferd aufnehmen. Wehret den Anfängen!

Der Gegner im Konflikt ist hier klar erkennbar: es sind die rechtslastigen Politiker, für die es schwer denkbar ist, dass Demokratie von links kommen kann.

Am schwersten durchschaubar ist der Kampf gegen die Lehrer, die durch ungewöhnliche erzieherische Methoden grosses Gewicht auf die Entfaltung des kritischen Denkens legen: denn hier bleibt die Motivation meist aus. Ich vermute, dass die Gegner typische Vertreter der Leistungsgesellschaft sind, die ja ihren prägnantesten Ausdruck in der Wirtschaft findet. – Weshalb diese Vermutung?

Im Auftrag des Deutschen Industrieinstitutes wurde bei 459 Führungskräften der Industrie, die alle in der Ausbildung des Nachwuchses tätig sind, eine Umfrage erhoben über die

Aufgaben der Erziehung an der Oberstufe. Als Hauptaufgabe sahen die angesprochenen Personen die 'Erziehung' zum 'Arbeitsverhalten' und zu 'allgemeinen Arbeitstugenden'. Als solche Tugenden nannten sie:
> 333 x Fleiss, Lernwillen, Zielstrebigkeit, Aufgeschlossenheit, Ehrgeiz;
> 268 x Ordnungssinn;
> 139 x Genauigkeit, Gewissenhaftigkeit, Pünktlichkeit u.a.

Aber nur 27 x wurde gefordert 'selbständiges Denken und Arbeiten' und nur 13 x 'Urteils- und Kritikfähigkeit' (21).

Das heisst doch, statistisch gesehen, dass man selbständiges Denken, Urteils- und Kritikfähigkeit eben nicht wünscht.

Das ist nicht etwa allzu deutsch. Wer den Vortrag liest, den der Sekretär des Arbeitgeber-Verbandes von Genf, Renaud Barde, in Montreux vor Gymnasiallehrern gehalten hat, wird dort die gleichen Akzente wiederfinden. Die Wirtschaft braucht Lehrer, so sagte Barde, die sich nicht gehen lassen, die Aktualitäten oder gar militärische Konflikte zu kommentieren, die nicht zu viel Gewicht auf das kritische Denken legen, die nicht verwirren mit der Vielfalt von Meinungen über soziale und politische Probleme, die aber die ausgestreckte Hand der Wirtschaft annehmen und in permanenter Beratung mit ihr Schüler zu arbeitsamen Menschen erziehen, die an ihre künftige Karriere denken (22).

Worum es hier geht: Der Schüler soll durch die Schule für den Produktionsprozess brauchbar werden, ohne lang nach den Zielen zu fragen. Er soll dort, wo man ihm später Verantwortung zuweist, in Fleiss, Ausdauer, Ehrgeiz und Gehorsam arbeiten.

Wenn aber nun ein Erzieher zu anderen Tugenden erzieht: zu den Tugenden der Freiheit: Selbstbestimmung, Mitbestimmung, Kooperation, wird er suspekt und gefährlich. Die moderne Leistungsgesellschaft sucht eben nicht Freiheit, sondern Funktionalität und Effizienz.

All das bedeutet: Die Gegenparteien im Konflikt mit dem unliebsamen Lehrer sind nicht irgendwer, sondern die eigentlichen Machtträger der modernen Gesellschaft: Behörden, Armee, Industrie. Sie ziehen nicht etwa als Blöcke in den Kampf, das wäre lächerlich, sondern in ihren Interessensvertretern als Einzelne. Da braucht es nicht immer zwei oder drei. Es gibt Personalunion: Politiker, die auch Militärs und zugleich Interessenvertreter der Wirtschaft sind. Die Gegnerschaft vereinigt sich im Vertreter des Staates, weil der Staat sich versteht als ein System, das durch die Armee gesichert wird und durch die Wirtschaft aufblüht.

Warum also diese Kontrolle des Lehrers? Weil er, als Vermittler, in der künftigen Generation die Kontinuität des Systems und seiner Subsysteme garantieren soll und weil er, durch seine Schlüssel-Stellung als Multiplikator, selber im Zentrum dieses Systems angesiedelt sein muss. Denn es versteht sich als Regelkreis von Politik, Armee, Industrie mit dem Zentrum der Wissenschaft.

Die *Kampfmittel* in diesen Konflikten sind meist durch das Gesetz gegeben:

Man wählt nicht oder nicht wieder. In Ordnung; denn es gibt ja keinen Anspruch auf Wahl.

Man beruft sich auf die Beamtung; denn es gibt ja ein Beamtengesetz.

Man belegt mit Berufsverbot; denn das ermöglicht ja eben dieses Gesetz.

Gekämpft wird vordergründig legal und das heisst: unangreifbar durch die Gegenseite.

Und so werden denn auch noch die Gerichte
zu Verbündeten der Macht. — Man übergeht
nur still die Gewohnheitsrechte. Man erfindet
Zusatzstrafen und sagt, es seien keine. Und
wenn gar kein Tatbestand vorliegt, dann spricht
man von 'latenten Gefahren', also von Möglichkeiten, und bestraft schon sie. Man verletzt so
den Geist von Demokratie, um der Gemeinschaft noch etwas besser zu dienen.

All das richtet sich übrigens nicht gegen
schlechte Lehrer. Die Regel heisst vielmehr:
Je besser, desto gefährlicher.

In einem derart asymmetrischen Konflikt
ist der Lehrer verloren, solang er als Einzelner
kämpfen muss. Wenn er bei Gerichten Hilfe
sucht, wird in der Zwischenzeit durch die Wahl
eines Kollegen längst eine Rechtslage geschaffen,
die nur durch neues Unrecht aufgehoben werden könnte. Er dürfte die Kraftprobe eigentlich
nur wagen, wenn die Lehrerschaft, die Eltern
der Schüler und die Schulpflege mit ihm solidarisch wären. Auch dann kann er noch verlieren,
wie der Fall Salzmann (23) und der Fall Acklin/
Kappeler (24) gezeigt haben. Trotzdem bleibt
nur hier eine Hoffnung. Wenn die Solidarität
stark genug ist, der Macht die Macht entgegen-
hält, dann wird es die Selbstherrlichkeit einzelner Behörden nicht mehr geben. Damit sie
stark wird, bedarf es der Organisation: der
Lehrervereine, die nicht, wie etwa im Fall
Salzmann, feige werden, sondern wirkliche
Interessensvertreter der Lehrer sind. Die Freiheit erlaubt nicht die zu frühen Synthesen.
Aber die Zeit eilt: Schon sind in Zürich Richt-
linien ausgearbeitet worden für die Verhängung
des Berufsverbots (25). Was sich hier anbahnt,
ist klar: eine langsame Säuberung der Lehrerschaft; aber wo es endet, bleibt ungewiss.

Aus den geschilderten Fällen scheinen

sich für das Verhalten des Lehrers die Grundsätze herauszustellen:

Man darf als Lehrer öffentlich alles sagen − man muss nur die Folgen tragen.

Man darf als Lehrer politisch aktiv sein − man muss nur auf der richtigen Seite stehen.

Man darf als Lehrer die Erziehungsmethoden frei wählen − sie dürfen nur nicht die Kinder zu kritisch machen.

Man darf als Lehrer dem Gewissen folgen − es darf nur nicht die Armee schwächen.

Wenn sich diese Grundsätze fixieren sollten, dann würden sie zum Nachruf auf die Demokratie, und der Lehrer wäre in ihrem Niedergang das erste Opfer.

V. Lehrer sein in der Demokratie

Konflikte dieser Art haben das Gute in sich, dass sie den Lehrer zur Klarheit bringen können über sein Verhältnis zu Staat und Gesellschaft und über sein Erziehungs-Ideal in der Demokratie.

Sofern der Lehrer im Dienst des demokratischen Staates und der Gesellschaft steht, begegnet er ihren legitimen Ansprüchen, die Schüler zu demokratischen Bürgern und zu gesellschaftsfähigen Menschen zu erziehen. Mir scheint, dass diese Ansprüche der Aufgabe des Lehrers als Anwalt des Kindes nicht widersprechen.

Die Schwierigkeiten erwachsen erst dort, wo Staat und Gesellschaft ihre Ansprüche konkretisieren und darin ihr Demokratie-Verständnis deklarieren. Der Lehrer kann dann in guten Treuen ein anderes haben.

Die zentrale Frage dreht sich nämlich darum, ob wir als Gesellschaft die volle Demokratie schon haben, oder ob wir zu ihr unterwegs sind. — Haben wir sie, dann heisst Erziehung zur Demokratie: 'Bildung des Einzelnen zum Verstehen, Bejahen und verantwortlichen Mittragen des *gegebenen* Staates' (Spranger) (26); sind wir zu ihr unterwegs, dann bedeutet Erziehung zur Demokratie: Bildung des Einzelnen in einer Gemeinschaft zum Verstehen des gegebenen Staates und zu seiner demokratischen Veränderung. Im ersten Fall reproduziert der Lehrer, um das Erreichte zu fixieren, im zweiten Fall, um es zu überschreiten. Im ersten Fall erzieht er zu den Kardinal-Tugenden Anpassung, Gehorsam und Vertrauen. Im zweiten Fall wird alles weit komplizierter: Anpassung wird dann begrenzt durch den Willen zur Veränderung, Gehorsam durch die Tugend, den Konsens eventuell zu verweigern, Vertrauen durch die kritische Kontrolle. Im ersten Fall kann der Lehrer beinahe fraglos zu Fleiss, Strebsamkeit und Geduld erziehen; im zweiten Fall sind diese Tugenden durch die Sinnfrage belastet: Fleiss, Strebsamkeit und Geduld worin und wozu?

Ich vermute nun, dass wir alle die zweite Alternative wählen und uns darin mit dem Staat noch einig wissen. Aber ich zweifle, ob wir immer bereit sind, die Folgen dieser Wahl für die Erziehung zu übernehmen. Es ist indes leicht einzusehen, dass wir nicht das eine wählen und gleichzeitig das andere vorbereiten können.

Strittig wird alles wieder, wenn wir auch die Frage stellen: Aber Veränderung worauf?

Demokratie kann *funktional* verändert werden hin auf ein besseres Spielen ihrer Mechanismen. Das ist ein wichtiges organisatorisch-technisches Problem. — Sie kann *qualitativ* verändert werden im Sinn einer Demokratisierung von Gesellschaftsbereichen, die heute noch teilweise oder ganz oligarchisch und feudal beherrscht werden. Beides ist notwendig, umstritten ist nur das zweite.

Wie weit soll also Demokratie dringen?

Mir scheint, der Lehrer *muss* sich dafür entscheiden, dass sie *alle Bereiche des gesellschaftlichen Lebens* durchdringen soll: nicht bloss die Politik im engen Sinn von Wahlen und Abstimmungen, sondern auch die Wirtschaft, auch das Bildungswesen, auch die Welt der Medien und selbst das Wehrwesen. Denn nur die Idee der Demokratisierung aller Gesellschaftsbereiche deckt sich mit dem Ideal der Erziehung: Menschen zum gemeinsamen Dasein in Freiheit und Gerechtigkeit hinzuführen. Freiheit aber kann demokratisch nicht Freiheit zu Privilegien heissen, sondern nur Freiheit auf der Basis von Gerechtigkeit. Und Gerechtigkeit kann demokratisch nicht gleichmässige Unterdrückung aller bedeuten, sondern nur Gerechtigkeit mit dem Ziel der Freiheit.

Ein Leben in Freiheit und Gerechtigkeit kann aber nicht ein Leben sein, in dem hie und da mitentschieden werden darf, gleichsam an den Sonntagen des Freiseins, sondern ein Leben aus dem *Prinzip* der Selbst- und Mitbestimmung in allen Bereichen.

Wenn so der Lehrer das Ideal seiner Erziehung mit der politischen Idee der wechselweisen Bedingung von Freiheit und Gerechtigkeit verbindet, zeigt sich zwar die Differenz zum gegebenen Staat augenfällig, aber nur in dem Sinn, dass er dem Mass der Verwirklichung von Demokratie vorausgreift, um künftige umfassendere Demokratisierung zu ermöglichen. Indem er dies tut, schwächt er gerade nicht das demokratische Prinzip, sondern stärkt es und pflanzt es verlässlich ein in die künftigen Demokraten. Ein Staat, der sich als

Demokratie versteht, müsste sich solche Lehrer wünschen.

Es kann nicht der Sinn von Erziehung sein, Menschen hervorzubringen, die alles können und nichts sind. Erziehung hat ihre Würde im Ideal des autonomen und aufgeklärten Menschen (27). Dass der Lehrer dafür einen Keim setzen kann, macht ihn selber zu einem kostbaren Instrument der Freiheit. Dass er einen Keim für die Zukunft setzt, gibt ihm eine Macht, die über ihn selbst hinausweist. – Es wird zum Schicksal für ein Volk, welche Lehrer es hat und wie sie politisch denken (28).

Anmerkungen

1) Man muss hier den grundsätzlichen Unterschied etwa zur Beamtung des Lehrers in der Bundesrepublik sehen. Die Beamtung ist dort mit dem Verlust des passiven Wahlrechts verbunden. Vieles, was in der BRD an Einstellungen der Lehrerschaft zur Politik empirisch erforscht ist, kann deshalb nicht einfach auf die Schweiz übertragen werden. – Zur Beamtung der Lehrer in Deutschland s. Hartmut von Hentig: Die politische Rolle des Lehrers. – In: Neue Sammlung, 5. Jg., Heft 6 (Nov./Dez. 1965), pp. 501 ff. – Zur Beamtung in der Schweiz: Schärer Max: Ist der Lehrer ein Beamter? – In: Archiv für das Schweizerische Unterrichtswesen, 54/55. Jg. (1968/69), pp. 232 - 242.

2) Zum Glauben der Lehrer an diese Leistungsideologie und zu den effektiven Fakten s. Lehmann, Bernd: Arbeitswelt und Lehrerbewusstsein. Einstellungen von Grund- und Hauptschullehrern zu sozioökonomischen Formationen in der BRD, Neuwied und Berlin 1973, p. 98 ff.

3) Zum Begriff der Einstellungen vgl. Arnulf Hopf: Lehrerbewusstsein im Wandel. Eine empirische

Untersuchung über politische und gesellschaftliche Einstellungen bei Junglehrern, Düsseldorf 1974, bes. pp. 19 ff.
4) Vgl. Zeiher, Helga: Gymnasiallehrer und Reformen. Eine empirische Untersuchung über Einstellungen zu Schule und Unterricht, Stuttgart 1973, p. 28 wird die Meinung eines Lehrers wiedergegeben: 'Das (soziale Ungerechtigkeit) kann man gar nicht reformieren. Nicht, man kann das Leben ja nicht ändern.'
5) An solchen Fluchtwegen werden in der deutschen Literatur meist genannt: Konservative Mentalität der älteren Lehrer, Resistenz gegen strukturelle Veränderungen im Schulwesen, Denken in Naturkategorien, Elitedenken, Rekurs auf innere Werte, Gemeinwohlideologien. Vgl. Combe, Arno: Kritik der Lehrerrolle. Gesellschaftliche Voraussetzungen und soziale Folgen des Lehrerbewusstseins, München 1973, pp. 19 ff.
6) Dazu: Atteslander, Peter: Die letzten Tage der Gegenwart oder das Alibi-Syndrom. Edition Zürich 1974, pp. 173 f.
7) Vgl. dazu den vorangegangenen Aufsatz über das Getto der Lehrer.
8) Der Historiker Arnold Jaggi, auf den hier angespielt wird, hat sich gegen den Vorwurf, durch Verschweigen von Politik Politik zu betreiben, verwahrt. S. dazu die Korrespondenz Jaggi/Saner in: Schweizerische Lehrerzeitung 10, 4. März 1976, pp. 323 f.; SLZ 22, 26. Mai 1976, pp. 866 f., 868 f. – Vgl. auch Muralt, Bruno: 'Neutrale' oder engagierte Lehrer? – In: Der Lehrer: Vorstellungen und Wirklichkeit. Bericht über die Studienwoche Montreux 7. - 12. April 1975, pp. 47 f.
9) Das Material ist entnommen: Kirsten, Rainer E.: Lehrerverhalten. Untersuchungen und Interpretationen, Stuttgart 1973, pp. 42 - 47.
10) Über neue Schulmodelle orientiert umfassend: Winkel, Rainer: Das Ende der Schule oder: Alternativprogramme im Spätkapitalismus, München 1974. List Taschenbücher. Erziehungswissenschaft 1080.

11) Etwa Jaspers nennt ausserdem die Behandlung der Tagesfragen und 'Analysen der Reden und Handlungen der zeitgenössischen Politiker. Der Jugend soll ohne Rücksicht das, was ist und geschieht, offenbar werden' (Jaspers, Karl: Wohin treibt die Bundesrepublik? Tatsachen. Gefahren. Chancen, München 1966, p. 207).
12) Empfehlungen zum Aufbau der Hauptschule (1964). — In: Empfehlungen und Gutachten des Deutschen Ausschusses für das Erziehungs- und Bildungswesen 1953 - 1965. Gesamtausgabe. Besorgt von Bohnenkamp, H., Dirks, W., Knab, D., Stuttgart 1966, p. 366 - 409. Zitat: p. 402. Dazu auch: Lehmann, Bernd: Arbeitswelt und Lehrerbewusstsein. Einstellungen von Grund- und Hauptschullehrern zu sozioökonomischen Formationen in der BRD. Neuwied und Berlin 1974, pp. 31 f.
13) S. dazu: Hersch, Jeanne: Die Demokratisierung der Schule. — In: J.H.: Die Unfähigkeit, Freiheit zu ertragen. Aufsätze und Reden, Zürich/Köln 1974, p. 139. — Russell, Bertrand: Propaganda in der Erziehung. — In: B.R.: Erziehung ohne Dogma. Pädagogische Schriften. Hrsg. v. Achim v. Borries, München 1974, pp. 144 - 156.
14) Das Material ist zusammengetragen in: Weissbuch. Repression gegen Lehrer in der Schweiz. Hrsg. von der Gewerkschaft Kultur, Erziehung und Wissenschaft, Bern 1975; 2. erw. Ausgabe Basel 1976. Wir zitieren die 1. Aufl.
15) Es handelt sich um den Fall A. Froidevaux. Ihm ist die Wahlfähigkeit als aargauischer Primarlehrer entzogen worden. — S. Weissbuch, pp. 17 ff.
16) In Emmen wurden nicht wiedergewählt: eine Lehrerin, die als Grossrätin für die POCH kandidiert hat, und drei Lehrer, die durch ihre Unterschrift dieser Partei die Einreichung eines Wahlvorschlages ermöglicht haben. Sie waren nicht Mitglied dieser Partei. — Mit welcher Arroganz Behörden dann vorgehen können, zeigt der Kommentar eines Schulpflegers von Emmen: 'Erst nachträglich stellte sich heraus, dass drei Lehrer, die diese Liste unterschrieben haben,

eigentlich keine POCH-Leute sind. Das hätte man vielleicht vor den Wahlen untersuchen müssen — wir haben da möglicherweise einen Fehler gemacht. Aber diese Lehrer haben jetzt wenigstens einen Denkzettel ... Man kann ja einmal sein eigenes Todesurteil unterschreiben' (Weissbuch, pp. 39 ff.).

17) Fall eines mir dem Namen nach nicht bekannten Lehrers aus dem Kanton Bern. Er hat sich um 9 Stellen beworben, die z.T. nicht besetzt waren. Er ist überall abgewiesen worden. (Weissbuch, p. 70).

18) Material dazu: Weissbuch, p. 66 f.

19) Material dazu: Weissbuch, p. 72.

20) Seit den neuerlichen repressiven Massnahmen gegen Lehrer ist kein Fall bekannt, der sich gegen 'Extremisten' von rechts gewendet hätte.

21) S. Lehmann, Bernd: Arbeitswelt und Lehrerbewusstsein; a.a.O., pp. 74 ff. — Zur Problematik in Deutschland s. auch: Nyssen, Friedhelm: Schule im Kapitalismus. Der Einfluss wirtschaftlicher Interessenverbände im Felde der Schule, Köln 1969.

22) Barde, Renaud: De quelle manière l'enseignant peut-il tenir compte des besoins de la collectivité? — In: Der Lehrer: Vorstellungen und Wirklichkeit. Bericht über die Studienwoche Montreux 7. - 12. April 1975, Kriens/Luzern 1975, p. 51 - 59.

23) Hier sind Bittschriften der Lehrer- und Elternschaft und der Antrag auf Wahl durch die Schulkommission an den Gemeinderat Burgdorf ergangen. Er hat sich über alles hinweggesetzt, selbst über die Drohung der Eltern, die Schule zu boykottieren (Material: Weissbuch, pp. 26 ff.).

24) 23 Elternpaare wünschten die Zuteilung ihrer Kinder zu A. und K. — Die Eltern sammelten dann 370 Unterschriften für die Wahl der beiden Lehrer (Material: Weissbuch, pp. 33 ff.).

25) Nach den Grundsätzen des Zürcher Erziehungsrates vom 2.12.1975 richtet sich die Massnahme gegen Dienstverweigerer, die nach Art. 81 Ziffer 1 verurteilt worden sind, denen also Milderungs-

gründe (religiöse und ethische Gründe in schwerer Gewissensnot) nicht zuerkannt worden sind. Militärgerichte werden demnach künftig entscheiden, ob Lehrer für ihr Amt vertrauenswürdig sind, wenn auch in einem rechtlichen Sinn nicht sie die Wahlfähigkeit entziehen. Die Anfänge einer Militärdemokratie.

26) Spranger, Eduard: Volk, Staat, Erziehung. Leipzig 1932, p. 77. – Über Genesis und Folgen dieser Lehre bei Spranger s. Lehmann, Bernd, a.a.O., pp. 23 ff. – Sprangers bedeutender Vorgänger in der deutschen Pädagogik, Kerschensteiner, bereitete das Unheil vor: Er führte in seiner 'Preisschrift' (Erfurter Akademie) 'Staatsbürgerliche Erziehung der deutschen Jugend' aus: 'Der Wert unserer Schulerziehung, so weit sie die grossen Volksmassen geniessen, beruht im wesentlichen weniger auf der Ausbildung des Gedankenkreises als vielmehr der konsequenten Erziehung zu fleissiger, gewissenhafter, gründlicher, sauberer Arbeit, in der stetigen Gewöhnung zu unbedingtem Gehorsam und treuer Pflichterfüllung und in der autoritativen unablässigen Anleitung zum Ausüben der Dienstgefälligkeit.' – Zit. nach: Titze, Hartmut: Die Politisierung der Erziehung. Untersuchungen über die soziale und politische Funktion der Erziehung von der Aufklärung bis zum Hochkapitalismus. Frankfurt/Main 1973, p. 245.

27) Zumindest in einem philosophischen Sinn ist ein anderes Ideal gar nicht denkbar; es sei denn, man setze eine schlechthin gegebene Wahrheit voraus: etwa die einer totalitären Weltanschauung oder einer geoffenbarten Religion, oder man setze nur noch auf utilitaristische Zwecke. Effizienz und Funktionalität kann man ohne Freiheit oft leichter erreichen.

28) Zur Auseinandersetzung mit dem Vortrag s. ausser der bereits zit. Korrespondenz mit A. Jaggi: Hertach, R.: Strapazierter Demokratiebegriff. – In: SLZ 8, 19. Februar 1976, p. 253. – Saurer, R.: 'Ein garstig Lied'. – In: SLZ 9, 26. Februar 1976, pp. 299 f. – v. Wartburg, W.:

Kritische Überlegungen zu H. Saners Aufsatz 'Der Lehrer und die Politik'. – In: SLZ 12, 18. März 1976, p. 443. – Sowie meine Replik auf diese drei Kritiken in der SLZ 22, 26. Mai 1976, p. 866.

Schule und Gesellschaft

Als im Umbruch vom feudalen zum bürgerlichen Zeitalter der Plan eines 'öffentlichen Unterrichtswesens' (Condorcet) entworfen wurde, wollte man damit ein Instrumentarium der Emanzipation aller Bürger schaffen. Die unteren Stände sollten durch Schulung von der Herrschaft der Geschulten befreit werden. Als Unterrichtete, und das hiess, als Aufgeklärte und Befähigte, sollten sie selber 'für ihre Bedürfnisse sorgen, ihr Wohlergehen sichern und ihre Rechte erkennen und ausüben' können. Jedem Bürger sollte es möglich werden, 'den ganzen Umfang seiner Talente, die er von der Natur empfangen hat', zu entfalten. Damit aber würde endlich eine Aera der tatsächlichen Gleichheit und Gerechtigkeit anbrechen. Die Einführung der allgemeinen und öffentlichen Schule war so Teil des politischen Postulats, dass Freiheit und Gleichheit und damit eine gerechte Gesellschaft sein sollen. Die Schule galt als Garant dieser Gesellschaft und sie war zugleich der Fels der utopischen Hoffnung, dass fortan 'in jeder Generation die physischen, intellektuellen und moralischen Fähigkeiten' ausgebildet werden und dass dadurch das Menschengeschlecht stufenweise zu seiner Vervollkommnung voranschreitet (1).

Zweihundert Jahre nach dem Entwurf von Condorcet leben die sogenannten zivilisierten Gesellschaften mit so dichten und vielstufigen Schulsystemen, wie nie eine Gesellschaft zuvor. Kein Zweifel: organisatorisch und institutionell sind alle damals revolutionären Forderungen erfüllt und übertroffen worden. Aber nach Utopia führte die Ausbreitung der Schule nicht. In unseren Gesellschaften herrscht weder Freiheit noch Gleichheit noch Brüderlichkeit. Unterdrückung, Ausbeutung, Konkurrenzneid, Herrschsucht, sinnloser Luxus, unnötige Armut, Welt- und Naturzerstörung, Menschenverschleiss, Drohung: sie alle nötigen eher zur Überzeugung, dass ein schon apokalyptischer Zynismus Wissen und Können virtuos einsetzt, um Emanzipation zu verhindern. – Hat also die Schule in der Gesellschaft versagt? Oder hat die Gesellschaft die Schule missbraucht? Oder haben sich ganz einfach die damaligen Gründer: Condorcet, Lepeletier, Pestalozzi u.a. geirrt: kommt der Schule für die Gestaltung und Umgestaltung der modernen Gesellschaft gar nicht jene reale Wirkungsmacht zu, die man ihr aus aufklärerischer Euphorie voreilig übertragen hat?

Ich neige eher zur These: Die damaligen Initiatoren der allgemeinen Schule haben wohl eine utopische und emanzipatorische Möglichkeit der Schule richtig gesehen; aber sie konnten die heutige Bedeutung der Schule für die Erhaltung des Staates nicht ermessen. Agrar-Staaten, und in solchen lebten sie noch, könnten ohne allgemeine Schulen existieren und in gewissen Grenzen sich entfalten. Industrie-Staaten im wissenschaftlich-technischen Zeitalter können das schlechthin nicht mehr. Für sie wird die Schule zu einer conditio sine qua non ihrer Kontinuität. Es ist deshalb verständlich, dass sich die Anwärter auf Macht und Herrschaft um den Einfluss auf die Schule durch Zielsetzung, Monopolisierung und Kontrolle bemühen. Denn was in der Schule geschieht, tritt schon nach wenigen Jahren in der Gesellschaft als realer Machtfaktor in Erscheinung. Die Schule wird deshalb zunehmend in die Spiele der Macht einbezogen. Ihr pädagogischer Auftrag und ihre emanzipatorische Aufgabe werden entfremdet. Sie bringt Lehrer als Funktionäre hervor und Schüler als Bürger für *diese* Gesetze und für *diese* Gesellschaft und sie ermöglicht schliesslich die Stagnation der Gesellschaft in einer sich technologisch rasch wandelnden Welt.

Ich möchte nun in meinem Vortrag die Bedeutung der Schule in unserer Gesellschaft sichtbar machen, die Einflussnahme der anderen Institutionen auf sie zeigen, ihre pädagogische Entfremdung durch die Gesellschaft blosslegen und die Frage nach möglichen Korrektiven aufwerfen.

I. Die Bedeutung der Schule für die Gesellschaft

Die Schule ist eine Institution der Gesellschaft. Als solche nimmt sie in zwiefacher Hinsicht eine *Sonderstellung* ein: sie setzt sich
1. zum grossen Teil aus Menschen zusammen, die noch nicht Vollmitglieder (d.h. mit allen Rechten als Bürger ausgestattete Mitglieder) der Gesellschaft sind, sondern bloss Grundmitglieder (d.h. bloss mit den Grundrechten als Zugehörige ausgestattete Mitglieder). Sie ist
2. von der Auflage befreit, Güter zu produzieren, die in Umlauf gesetzt werden, und so in einem materiellen Sinn sich und die Gesellschaft zu reproduzieren. Schule ist weder von der Funktion noch von der Zusammensetzung her ein pars pro toto der Gesellschaft. Sie ist ein gesellschaftlicher Schonraum, in dem durch Lehre Grundmitglieder der Gesellschaft befähigt werden sollen, gesellschaftstragende Vollmitglieder zu werden. Deshalb dauert heute

Schule und Schulung, zumindest für die, die in der Gesellschaft etwas werden wollen, von der frühen Kindheit bis zur Volljährigkeit.

Die Bedeutung der Schule für die Gesellschaft ergibt sich aus der realen Arbeit der Schule:

a) Die Schule vermittelt den Herwachsenden Wissen und Können. Sie lehrt die Grundelemente aller Wissenschaft: Lesen, Schreiben und Rechnen, und sie führt in viele Wissenszweige und in das einfache polytechnische Können ein.

Schon allein das ist entscheidend für das Fortbestehen einer hochindustrialisierten Gesellschaft. Denn sie ist, und zwar unabhängig von ihrer Ideologie, in einem nie gekannten Ausmass auf Schulung angewiesen. Die Planung, die Versorgung des Landes, die Verwaltung, die Wirtschaft und die Armee sind ohne Wissenschaft und Technik, ohne geschulte Fachkräfte und ohne ein hohes Bildungsniveau der Bevölkerung nicht mehr funktionsfähig. Im wissenschaftlich-technischen Zeitalter sind verlässliches Wissen und Können der Brennpunkt des Zeitalters. Ohne sie kann sich die Gesellschaft materiell nicht reproduzieren.

Indem die Schule Wissen und Können vermittelt, kann sie das Instrumentarium der künftig Wissenden ausbilden. Sie weckt dann die Neugierde, schärft den Verstand, übt die Urteilskraft und regt die Phantasie an. Sie schafft so die Voraussetzungen für Mobilität und Innovation.

Das aber ist wichtig. Denn hochindustrialisierte Systeme sind mobile Systeme. Sie verbessern laufend die Technologien; sie sind, z.T. unter Konkurrenz- und Prestige-Druck, auf ständige Innovation angewiesen. Wissenschaftlich-technische Phantasie und funktionale Kritikfähigkeit sind dafür Voraussetzungen, und das auch dann noch, wenn Gesellschaft und Schule Phantasie und Kritik zuweilen fürchten.

Durch Vermittlung von Wissen und Können und durch die Ausbidlung des mentalen Instrumentariums *qualifiziert* die Schule das Grundmitglied der Gesellschaft zum künftigen Vollmitglied und sichert dadurch die Kontinuität des wissenschaftlich-technischen Systems.

b) Diese noch ganz allgemeine Qualifizierung spezifiziert und individualisiert die Schule nun durch *Selektion.* Sie fordert Leistung und bewertet diese quantitativ durch Anerkennung und Diskriminierung. Aufgrund dessen befördert und relegiert sie, verleiht und verwehrt Zertifikate, eröffnet und versperrt sie Karrieren, schafft sie Erfolgreiche und Versager. Sie übt so Macht aus auf die einzelnen Schüler, auf deren Familie und auf die künftige Gesellschaft.

Denn diese Selektion bedeutet nichts anderes, als dass die Schule soziales Prestige und soziale Chancen verteilt. Sie stellt als erste Institution die Weichen hin auf den sozialen Rang und die soziale Sicherheit der Bürger. Sie bestimmt so ganz wesentlich die künftige personale und soziale Schichtung der Gesellschaft mit.

c) Die Schule vermittelt *Werte.* Indem sie unterrichtet, gibt sie nicht allein Wissen und Können weiter. Durch Stoff und Unterrichtsmethoden tradiert und befestigt sie Wertmassstäbe; sie schafft so im Schüler Grundeinstellungen, Haltungen, weckt Erwartungen und entwirft Ziele. All das aber disponiert zu bestimmten weltanschaulichen, ideologischen und moralischen Urteilen und Entscheidungen.

Dieses Schaffen einer Wertwelt, ein Teil der Erziehung, ist für die Gesellschaft sehr wichtig. Die Wertwelt ist das ideologische Fixativ, das die Kontinuität der Gesellschaft sichert, oder das Ferment, das sie zum Gären bringt. Sie wird für die Zukunft einer Gesellschaft zum Schicksal.

d) Die Schule übt schliesslich *soziales Verhalten* ein. In der Regel ist die Schulklasse die erste grössere Gemeinschaft, in die ein Kind gestellt wird. In diesem Verband muss es sich an bestimmte Rituale, Spielregeln und Normen halten, die sich, zumindest in den früheren Jahren, auf ein klares Autoritätsverhältnis stützen. Der Schüler wird so, teils autoritär, teils spielerisch, in einen langandauernden Sozialisations-Prozess gestellt, in dem er lernen soll, ein gesellschaftsfähiges Wesen zu werden.

Wertwelt und Sozialisation schaffen im Grundmitglied die Voraussetzungen, dank deren es später als Vollmitglied in die Gesellschaft *integriert* werden kann. Sie sichern der Gesellschaft die Kontinuität der *Integration* und damit ihre Identität.

Unterricht und Erziehung kann man also, auf Gesellschaft hin, verstehen als Prozess der Qualifikation, Selektion und Integration, den die Grundmitglieder der Gesellschaft zu durchlaufen haben, um brauchbare Vollmitglieder zu werden. Dieser Prozess sichert oder gefährdet die Kontinuität der Gesellschaft als wissenschaftlich-technisches System, er bestimmt mit die künftige personale und soziale Schichtung der Gesellschaft, er sichert oder gefährdet die ideologische Kontinuität und schliesslich die Kontinuität von Ordnung und bestimmtem Ordnungs-System.

Die Schule entscheidet so in mehrfacher

Hinsicht über das künftige Schicksal der Gesellschaft. Kein Wunder also, dass die Gesellschaft wieder über das Schicksal der Schule entscheiden will, und dass fast alle ihre tragenden Institutionen sich zum Wächter der Schule erheben.

II. Die Hüter der Schule

Es scheint vorerst, dass es so etwas wie einen Kampf der gesellschaftlichen Institutionen um den Einfluss auf die Schule gar nicht geben könne. Der Staat entzieht die Schule ja dem Zugriff der Interessenverbände durch das Verbot der politischen Propaganda und dem Zugriff der Kirchen durch die Gewährung der Glaubensfreiheit. Sein faktisches Monopol der Schulung hebt die Schule weitgehend aus den Machtkämpfen heraus und scheint sie auch in einen ideologiefreien Raum zu stellen. Es garantiert den Schon-Charakter des Schulraumes und die pädagogische Freiheit in ihm.
– Aber will der Staat tatsächlich diese Freiheit?

1. Staat und Schule

Es gibt heute in der Soziologie keinen einheitlichen Begriff 'Gesellschaft'. Eine klare Konzeption und damit auch eine klare Unterscheidung vom Begriff 'Staat' bietet allein der Marxismus (2). Ich übernehme aber im folgenden seine Terminologie nicht, sondern halte mich an wesentlich einfachere Operations-Begriffe.

Unter Gesellschaft verstehe ich hier den sozialen Organismus, in dem Menschen durch Macht, Recht, Sitte, Kultur und Ideologie zueinander in Verhältnissen stehen. – Staat dagegen nenne ich die umfassende Rechts- und

Herrschaftsorganisation einer Gesellschaft auf einem festumgrenzten Territorium. Der Staat regelt die wirklichen oder vermeintlichen Gemeinschaftsinteressen und beansprucht dafür den Primat gegenüber allen andern Institutionen dieser Gesellschaft. — Die Gesellschaft wäre demnach etwas Komplexeres als der Staat, und der Staat wäre eine Institution in ihr.

Wie können wir nun das Verhältnis des Staats zur Schule kennzeichnen? Wie wirkt der Staat bestimmend und eventuell nötigend auf die Schule?

Der Staat stiftet und unterhält das System der öffentlichen Schulen und er ordnet das ganze Schulwesen durch Gesetze. In einem rechtlichen Sinn beansprucht er nicht das Monopol auf Schulung; denn er gestattet Privat-Schulen und Privat-Unterricht ohne Schule. Er verpflichtet die Grundmitglieder der Gesellschaft also nicht zum Besuch *seiner* Schulen, ja nicht einmal zum Schulbesuch überhaupt, sondern er gewährt ihnen das Recht auf unentgeltliche Grundschulung. Aber er verpflichtet zu einem Pensum. Er beansprucht die Oberaufsicht über Privat-Schulen und Privat-Unterricht. Er hat so jederzeit die Möglichkeit, ausserstaatliche Schulen und Schulung zu eliminieren. Durch den übergrossen Anteil an Schule und durch das ausschliessliche Recht auf Schulkontrolle besitzt er das *faktische* Monopol auf Schulung. Er professionalisiert das Unterrichten und beamtet die Lehrer in seinen Schulen.

Diese an sich grosszügige Regelung ermöglicht es dem Staat, über drei Wege Einfluss auf die Schule zu nehmen:

Er bestimmt durch die Schulgesetze Institutionalisierung und Ziel der Schule. Er umgrenzt durch Lehrplan, Pensum und Lehrmittel die Bildungsgüter, Bildungsmittel und den Bildungsweg. Und er setzt durch das Beamtenrecht der Freiheit des Lehrers Grenzen. Gerade er hat so die Möglichkeit, die Schule zu ideologisieren und zu politisieren. Lassen Sie mich darauf einige Hinweise geben:

Jeder Staat erwartet von der staatlichen Schulung und Erziehung, dass sie brauchbare 'Bürger für die Gesetze' heranbilden. Da sich Staaten heute noch weitgehend als Nationalstaaten verstehen, erwartet wohl auch jeder ein gewisses Mass an vaterländischer Gesinnung seiner künftigen Bürger. Aber nicht jeder Staat bringt diese Erwartung zu allen Zeiten gleich zum Ausdruck. Ich gebe ein historisches Beispiel: Als Pestalozzi in der Helvetischen Republik das erste Schweizerische Lehrerseminar eröffnete, gab er, in der Entgegensetzung zur staatlichen Politisierung und Ideologisierung der Schule, die Parole aus: 'Lasst uns wieder gute Menschen werden, damit wir gute Bürger werden' (3). Die Helvetik hielt sich zwar nicht an dieses Wort, aber es hat dem schweizerischen Schulwesen im 19. Jahrhundert doch vielleicht den Chauvinismus erspart. Einzelne Kantone fanden damals Zweckbestimmungen der Schule von grossartiger Sachlichkeit. So sei etwa an das Bernische Gesetz über die Organisation des Schulwesens von 1856 erinnert. Der 1. § lautet:

'Die Schule hat den Zweck, die Familie in der Erziehung der Kinder zu unterstützen. Sie hat der ihr anvertrauten Jugend nicht nur das jedem Bürger unumgängliche Mass von Kenntnissen und Fertigkeiten beizubringen, sondern auch Verstand, Gemüt und Charakter derselben auszubilden und die Entwicklung des Körpers zu fördern' (4). Diese Zwecksetzung liess den pädagogischen Raum der Schule frei.

Das Unheil kam durch die beiden Weltkriege. 1916 fasste die Konferenz der Kantonalen Erziehungsdirektoren eine Resolution über staatsbürgerliche Erziehung, in der es hiess:

'Die staatsbürgerliche Erziehung der Jugend soll vaterländische und soziale Gesinnung erwecken und den gesamten Unterricht durchdringen' (5).

Der Bundesrat schloss daraus, dass man also Lehrer heranbilden müsse, die 'von tiefem Pflichtgefühl gegenüber dem Vaterland beseelt sind'. Es gehe nicht primär darum, neue Fächer in den Unterricht einzubauen, vielmehr sei 'die nationale Erziehung in der Weise zu fördern, dass sie als zentraler Gesichtspunkt des Unterrichts überhaupt und insbesondere des Unterrichts in der Muttersprache, Geschichte und Geographie aufgestellt und zielbewusst verfolgt wird (6).

Damit hatte die höchste Landesbehörde sich dazu bekannt, dass der staatliche Unterricht nicht primär auf sachliche Bildung und Belehrung abzielt, sondern auf nationalpolitische Erziehung und Indoktrination. Etatismus und Patriotismus wurden zur erklärten Ideologie der Schule. In der Folge aber kam der Appell an Zucht, Ordnung und Autorität. – Der zweite Weltkrieg brachte die Verschärfung. Am 'Kongress für nationale Erziehung' von 1942 wurde nun gar die Forderung erhoben: 'Aller Unterricht muss nationaler Gesinnungsunterricht sein' (7).

Dann folgte der kalte Krieg und nun die Restauration. Sie hat uns wenigstens ein Novum gebracht: Gewisse Erziehungsdirektoren dürfen endlich tun, was im letzten Jahrhundert deutsche Kaiser und Könige (8) getan haben und was heute die Bundesrepublik nicht verleugnen möchte: Sie dürfen missliebige

Lehrer mit Berufsverbot belegen, um den Staat zu retten.

Ich fahre hier nicht fort. Es geht mir nicht darum, die Historia Calamitatum des schweizerischen Schulwesens in diesem Jahrhundert aufzuzeigen, die ja im Vergleich etwa zur deutschen Schul-Geschichte (9) noch harmlos ist. Ich möchte auf den systematischen Zusammenhang aufmerksam machen:

Die dreifache Möglichkeit des Staates, über das Schulgesetz, den Lehrplan und das Beamtenrecht Einfluss auf die Schule zu nehmen, kann dazu führen, dass der Staat den Zweck der Schule ausserhalb des pädagogischen Zwecks setzt. Dann wählt er den Stoff nicht mehr nach objektiv wahren Verhältnissen, sondern nach vorausgesetzten Werten. Die Bildungsfächer werden ihrem eigentlichen Sinn entfremdet: sie sind bloss noch Übungsgebiete nationaler Gesinnung. Autorität, Zucht und Wiederholung müssen dann die Indoktrination dieser Gesinnung sichern. Bricht der Lehrer aber aus diesem System aus, so wird er durch legalisierte Gewalt von der Schule entfernt. So kann sich der Staat durch Machtbefugnisse der ganz anderen Macht der Schule versichern, um dereinst ein ideologisch und politisch bereits normiertes 'Schülermaterial' zu integrieren.

Wer die Geschichte der Schule in den letzten zwei Jahrhunderten studiert, wird nicht bestreiten können, dass es jeweils der Staat war, der die Schule primär politisiert und ideologisiert hat. Oft geschah dies, etwa in Deutschland, mit nackten Gewaltmitteln. Da die Gesellschaft damit meist einverstanden war, hat man eine Sprachregelung getroffen: 'Wer denkt, wie der Staat, ist frei von Ideologie; er politisiert die Schule nicht. Wer nicht denkt wie der Staat, sollte schweigen. Spricht er, so betreibt er Propaganda für eine Ideologie.

Er politisiert den 'neutralen' Raum der Schule. Das aber ist rechtlich belangbar.'

Nicht jeder Staat handelt so krass in dieser Richtung. Aber jeder hat die Möglichkeit und die Tendenz dazu und fast jeder wird es in Grenz-Situationen tun (10).

2. Wehrgesellschaft und Schule

Immer, wenn ein Staat die Erziehung patriotisch ideologisiert, wird er auch den kriegerischen Geist mobilisieren. Das ist, glaube ich, ein zwingender psychologischer Mechanismus. Patriotismus setzt nämlich voraus, dass man als Nation anders und besser ist. Man wird dann entweder den Nachbarn die Segnungen der eigenen Superiorität bringen wollen oder auf der Hut sein vor ihrer Schlechtigkeit, ihrem Neid, ihrem Ressentiment. In beiden Fällen muss man eine starke Armee haben und ein kriegerisches Volk sein.

Also wird man die Geschichte als Kriegs- und Heldengeschichte vermitteln, Lieder verbreiten, in denen es heisst, dass die Ahnen 'freudvoll zum Streit' gegangen seien und dass 'chaque enfant naît soldat'. Man wird sagen, dass, wer am kriegerischen Geist des Volkes zweifle, keine Ahnung – von Kunstgeschichte habe; denn die grosse Kunst schöpfe ihre Kraft aus zwei Quellen: 'Aus der Kraft des christlichen Glaubens und aus dem Mut des kriegerischen Geistes'. Kunst, diese 'Tochter eines wehrhaften Volkes', sei auch die 'Mutter neuen wehrbereiten Geistes' (11). Man wird fordern: 'Die bürgerliche Erziehung sollte die militärische von Anfang an berücksichtigen' (12), und dann behaupten, die Armee vollende die Erziehung des jungen Menschen.

Damit ist die Legitimation geschaffen, einen Teil der Erziehung unter die Oberaufsicht des Militär-Departements zu stellen. Ich meine das Turnen, dessen Funktion der Vorunterricht oder 'Jugend und Sport' über die Schulzeit hinaus verlängern. Hier sollen Disziplin, Einsatz, Entschlossenheit, Gefügigkeit des Willens und Gehorsam eingeübt werden: all die Tugenden, auf die die Armee ihre 'Arbeit' aufbaut. Das Grundmitglied der Gesellschaft soll 'Moralisch und intellektuell bereit sein, die Uniform anzuziehen' (13), so sagte ein Bundesrat. Die Wehrmacht hatte schon recht: 'Beim Eintritt in den Wehrdienst muss der innere Soldat schon fertig sein' (14).

Sicher führen oft Zeiten der objektiven Not zu solchen Entwicklungen. Aber wenn sie einmal beschritten werden, sind sie kaum mehr rückgängig zu machen. Das Turnen bleibt eben dann istitutionell unter der Oberaufsicht des Militär-Departements. Das heisst doch wohl für die Wehrgesellschaft, nicht etwa für die Schule: Kriegerische Fitness geht vor Gesundheit. Im übrigen zeigt der Kampf gegen die Dienstverweigerer, dass sich auch in relativ langen Friedenszeiten ideologisch nichts zu entschärfen braucht.

Die Einflussnahme der Wehrgesellschaft auf die Schule kann also umschrieben werden: Sie entfremdet die Erziehung und Teile des Unterrichts von ihrem pädagogischen Sinn. Sie festigt und kontrolliert Wert-Vorstellungen und übt bestimmte, ihr dienliche Tugenden ein. Sie disponiert den künftigen Bürger zur Integration in das Wehr-System und verbannt dessen radikale Gegner, mit Hilfe der Behörden, aus dem Schulraum. Sie begrenzt damit die Grundrechte des Lehrers und die Lehrfreiheit an der Schule.

3. Der Einfluss der Leistungs-Gesellschaft

Hochindustrialisierte Systeme sind in einem extremen Sinn Leistungs-Systeme. Als Leistungs-System sieht die Gesellschaft in der Schule den Garanten der künftigen Kontinuität und Steigerung von Leistung. In allen industriellen Systemen wird deshalb Schule verstanden als Leistungs-Schule.

Die Schule selber übernimmt dieses Verständnis weitgehend: Sie lässt es zu, dass die Curricula anwachsen, trennt sich nur schwer von überholten Pensen, richtet die Methodik aus auf Effizienz und fixiert sich in fragwürdigen Selektions-Verfahren. Sie begünstigt, vor allem in der höheren Mittelschule, Stress, Routine, Oberflächlichkeit und Angst.

Die schärfste Konkretion des Leistungs-Typus ist die freie Marktwirtschaft. Im gesellschaftlichen Gerangel um die Schule hat sie sich lange Zeit der Stimme enthalten und sich nur gelegentlich etwa durch Schenkungen in Erinnerung gebracht. Diese Noblesse war so lange möglich, als in der Schule die Wertwelt, auf der ihr System gründet, weder analysiert noch kritisiert, sondern als Bestandteil der Tradition fraglos reproduziert wurde. Wie dies ins Wanken geriet, meldete sie in der Schulung ihre Mitbestimmung an. Sie sorgte innerbetrieblich für Nachschulung, machte ihren Einfluss vorerst auf Berufsschulen und Fortbildungsschulen geltend und dehnt ihn heute allmählich auf höhere Mittelschulen und auf die Oberstufe der Grundschule aus.

Die Beziehung Wirtschaft – Schule hat von der Schule her einen legitimen Grund: Schüler und Lehrer sollen die Arbeitswelt kennen lernen, wenn möglich praktisch und analytisch. – Aber ist das auch der Grund für die Wirtschaft?

Diese Beziehungen werden z.B. in der Bundesrepublik fast ausschliesslich von der Arbeitgeber-Seite geleitet. Der Arbeitgeber-Verband lässt in Schulen Vorträge halten, organisiert Arbeits-Seminare, präsentiert Betriebe und vermittelt persönliche Bekanntschaften mit Betriebsleitern und Fabrikanten (15). Man demonstriert so, dass Betriebsleiter Menschen sind, die mit sich reden lassen; Betriebe Arbeitsplätze, in denen man um das Wohl der Arbeiter besorgt ist; Arbeiter Menschen, die mit den Arbeitsbedingungen zufrieden sind. Man suggeriert, ein Betrieb sei eine grosse Produktionsgemeinschaft, in der die Leitung auf die Hilfe der Arbeiter, die Arbeiter aber auf die Führung durch die Leitung angewiesen seien. Diese Gemeinschaft funktioniere zum Wohl aller so lange, als die Kompetenzen klar getrennt seien: die Leitung eben leite und die Belegschaft produziere. Damit wird der objektive Interessens-Konflikt verschwiegen und an seine Stelle das Bild einer durch Unverstand gefährdeten Harmonie gesetzt. Das aber ist ein heute wohl für alle Soziologen falsches Bewusstsein.

Was die freie Marktwirtschaft von der Schule erwartet, wissen wir aus Umfragen bei ihren Schulungsleitern in Deutschland und auch aus Verlautbarungen in der Schweiz (16).

Sie erwartet die Erziehung zu allgemeinen Arbeitstugenden, vor allem zu Fleiss, Lernwillen, Ehrgeiz, Karrierebewusstsein, Ordnungssinn. Sie erwartet Zurückhaltung in der Kritik, nicht zu starke Betonung der Urteilskraft, Stimmenthaltung bei militärischen Konflikten, Einfalt in der Denkungsart über soziale System-Probleme, kurzum: sie erwartet die Erziehung zu Menschen, die in diesem Wirtschafts-System brauchbar sind.

Wo aber in der Schule die radikale Opposition gegen dieses Wirtschafts-System erwächst, wird die Wirtschafts-Gesellschaft die Gefahr beseitigen. Sie wird die Gegner des bestehenden Wirtschafts-Systems zu Verfassungsfeinden erklären, die die Gesellschaft aus all ihren Institutionen ausstossen muss oder in sie gar nicht eindringen lassen darf. Die Möglichkeit der Sanktion hält beim System.

 Wie also greift die Wirtschafts-Gesellschaft in die Schule ein? Sie findet die Schule bereits als Leistungs-System vor. Ihm vermittelt sie und in ihm kontrolliert sie system-immanente Werte, eine allgemeine ideologische Ausrichtung, ein teilweise falsches Bewusstsein und die Stabilisierung von systemfreundlichen Haltungen. Sie favorisiert die Ausbildung von Arbeits-Tugenden, die zur Leistungsfähigkeit im System disponieren. In all dem sieht sie ihre Kontinuität als System garantiert und diese Garantie hilft sie fixieren durch Mittel der Sanktion, die auf die Schule zurückwirken. In diesen Strukturen gehen die verschiedenen Systeme gleich vor.

4. Der Einfluss der Glaubensgemeinschaften

 Lange bevor der Staat das faktische Monopol auf Schulung innehatte, schulten Religionsgemeinschaften ihren begabten Nachwuchs. Über Jahrhunderte waren sie die Träger der Bildung und der Mittelpunkt der Ideologien. In ihrem Machtbewusstsein erhoben sie, so lange als möglich, einen geradezu totalitären Anspruch auf die geistige Führung der Schule. So verlangte noch Papst Pius XI. in seiner Enzyklika 'Die christliche Erziehung der Jugend' (1929), dass Schule, Familie und Kirche 'ein einziges, der christlichen Erziehung geweihtes Heiligtum bilden'. Er verwarf jede neutrale, weltliche Schule, verbot sie den Katholiken und sah den

Anspruch der Kirche erst erfüllt, wenn 'der ganze Unterricht und Aufbau der Schule: Lehrer, Schulordnung und Schulbücher, in allen Fächern unter Leitung und mütterlicher Aufsicht der Kirche von christlichem Geiste beherrscht sind, so dass die Religion in Wahrheit die Grundlage und Krönung des ganzen Erziehungswerkes in allen seinen Abstufungen darstellt, nicht bloss in den Elementar-, sondern auch in den Mittel- und Hochschulen' (17).

Obwohl die staatliche Schule in der Schweiz bewusst gegen die religiöse Bekenntnisschule eingerichtet worden war, übernahm sie doch wie selbstverständlich die religiösen Grundwerte des biblischen Raumes. Sie reservierte einen Teil der Ausbildungszeit speziell zu ihrer Pflege und überliess diese vielerorts der Obhut der Kirche. Sie erlaubte überdem private Bekenntnis-Schulen.

Der Einfluss der Konfession auf die Schule gründet nicht bloss im religiösen Unterricht. Entscheidend ist vielmehr, dass fast unsere ganze Tradition mit biblisch-christlichen Werten gesättigt ist, dass sich unsere Zivilisation als biblisch-christliche versteht, dass infolgedessen der Lehrplan von religiösen Werten durchsetzt ist, und dass schliesslich die religiösen Gemeinschaften in konfessionellen politischen Parteien eine mächtige Lobby haben, die dafür sorgt, dass auch der Staat sich nicht ganz als religiös neutral oder indifferent verstehen kann.

Gemessen am Anspruch, den Pius XI. erhoben hat, sind die religiösen Gemeinschaften heute vielerorts massvoll und bescheiden, vielleicht mehr bemüht, nicht allzu viel von ihrem Einfluss zu verlieren. Das darf aber nicht darüber hinwegtäuschen, dass sie Wächter über die Wertsetzungen in den Schulen sind. Auch ihre Toleranz dürfte Grenzen haben. Dem

Lehrer als bekennenden Atheisten wird es vermutlich ähnlich ergehen, wie dem bekennenden Kommunisten oder Pazifisten. Die Konfessions-Parteien werden den Weg finden, ihn in diesem Punkt zum Schweigen zu bringen oder ihn von der Schule zu entfernen.

Der Einfluss der religiösen Gemeinschaften auf Schule und Schulung kann also umschrieben werden:

Sie erhalten und pflegen eine von altersher das ganze Schulgut durchdringende Wertwelt, übernehmen dazu einen Teil des öffentlichen Unterrichts, unterhalten, wo das erlaubt und möglich ist, ganze Bekenntnis-Schulen und sondern den bekennenden Unglauben von der Schule ab. Sie sichern sich so die künftige Kontinuität der Gemeinde.

5. Der Einfluss der Familie

Einfluss auf die Schule nehmen schliesslich die Eltern der Schüler und damit die soziale Institution der Familie.

In der modernen Industrie-Gesellschaft ist die Familie meist nicht mehr ein Grossverband, der zugleich ein alle Mitglieder umfassender Produktions-Verband wäre, sondern eine kleine Gruppe. Sie ist weitgehend von den sozialen Fürsorgeleistungen für Bildung, Alter und Krankheit entlastet. Sie kann sich in ihre Intimität zurückziehen und verbringt dort die gemeinsame Zeit ausschliesslich als Freizeit und als Konsumzeit. In Egonzentrie und Häuslichkeit klammert sie die Spannungspunkte aus und geniesst, wenn möglich, ein konfliktfreies Leben. Sie sucht im allgemeinen das Glück der kleinen Herde.

In ihm erwartet sie von der Schule zweierlei: dass den eigenen Kindern der Weg zum sozialen Aufstieg geöffnet werde, und dass die

Schule kein Konflikt-Potential in die Familie trage. Solches Konflikt-Potential aber sind weltanschauliches, politisches und emanzipatorisches Bewusstsein in Positionen, die man, gemessen an den eigenen, als radikal bezeichnet.

Die Familie wird also die Tendenz haben, die Schule in ihren Leistungsforderungen zu unterstützen. Sie nimmt es meist ohne Murren hin, Freizeit und Geld für den Erfolg in der Schule einzusetzen. Sie fordert den Schüler im allgemeinen zu Gehorsam, Fleiss und Anpassung auf. Sie wird ihn eher zum Opportunismus verführen, als im Widerstand unterstützen. Denn sie empfindet den Schul-Erfolg als Prestige-Zuwachs der ganzen Gruppe. Sie wird Emanzipationsbestrebungen so lange hinnehmen, als über ihnen nicht der Friede im eigenen Haus gefährdet wird, weil sie Grundwerte tangieren, die man für unverletzlich halten möchte. Geschieht das, wird sie sich über politisches Denken, sexuelle Aufklärung, religiöse Kritik, oder was immer den Ärger verursachen mag, beschweren, indem sie an ihr unveräusserliches Recht auf Erziehung erinnert.

Wie also nimmt die Familie Einfluss auf die Schule? Sie bestätigt die Schule in ihrem Charakter als Leistungs-System, bremst fast immer einzelne emanzipatorische Lehrer und macht sich zum Wächter durchschnittlich konservativer Werte.

6. Der Einfluss der Gesellschaft als Total-System

In der Analyse der Einflüsse mag es aufgefallen sein, dass immer wieder ähnliche Wertungen sich zeigten. Die verschiedenen Sektoren der Gesellschaft schienen einander gleichsam in die Hände zu arbeiten.

Dem liegt zugrunde, dass es eben Sektoren der einen und einzigen Gesellschaft sind, die in sich eine Totalität bildet. Sie ist ein hochindustrialisiertes System, das sich als National-Staat eine Herrschafts- und Rechts-Struktur gibt, diese als Wehr-Gesellschaft nach aussen und innen sichert, sie als freie Markt-Wirtschafts-Gesellschaft ökonomisch und als Familien-Gesellschaft biologisch lebendig erhält und sie schliesslich als Glaubens-Gesellschaft in der Transzendenz absichert. Die Werte aller Sektoren gehören zueinander: Unser Gesellschafts-System ist von den Werten her ineins etatistisch und national, militaristisch, kapitalistisch, kleinfamiliär und christlich. Die Gesellschaft aber legt diese Werte so aus, dass sie einander in keinem Moment widersprechen.

Konkret bedeutet das: Wenn *ein* Wertsektor durch die Schule gefährdet ist, fühlt sich die Gesellschaft in ihrer ganzen Wert-Struktur gefährdet. Wenn die Schule z.B. Werte der Wehr-Gesellschaft gefährdet, wird sie auch zu hören bekommen, sie gefährde die Familie oder den Staat, und wenn sie die freie Marktwirtschaft in Frage stellt, werden sich auch Vertreter der Kirche oder Armee gegen sie wenden. Wer einen Wert radikal in Frage zieht, wird so zum Feind der ganzen Gesellschaft. Nur wenn man das sieht, ermisst man den Druck richtig, den die Gesellschaft auf die Schule ausübt. Er kann zur ausserpädagogischen Zensur über die Pädagogen werden, hinter der reale Möglichkeiten der Sanktion stehen.

Wenn wir also zu Beginn darlegten, wie gross eigentlich die Macht der Schule in der Gesellschaft und für sie ist, so müssen wir nun zu bedenken geben, wie stark die Machteinwirkung der Gesellschaft auf die Schule ist. So wie die Schule die Gesellschaft grundsätzlich von ihrer Wertwelt entfremden könnte, wenn sie nicht eben die Schule der Gesellschaft wäre, so könnte die Gesellschaft die Schule von ihrer pädagogischen Bestimmung entfremden, wenn sie nicht wieder eine Schule mit Pädagogen haben müsste. Hier zeigt sich die zirkelhafte Verbundenheit beider miteinander: Die Entschulung der Gesellschaft ist ebenso wenig möglich wie die Ent-Gesellschaftung der Schule. In diesem Miteinander aber, das nur scheinbar kampflos verläuft, muss die Schule ihr pädagogisches Selbstbewusstsein wiederfinden, wenn ihr genuiner Auftrag nicht in den Interessen der Gesellschaft ganz verflachen soll.

III. Die Modelle der Schule im Verhältnis zur Gesellschaft

Man kann sich die Erziehungsmöglichkeiten der Schule in der Gesellschaft an einigen Modellen idealtypisch vergegenwärtigen:
Weil die Schule das künftige Schicksal der Republik bestimmt, erliegen die meisten Gesellschaften der Versuchung, das Erziehungs-System zu einem primär- oder sekundär-ideologischen System zu machen.
Von einem *primär-ideologischen* Schul-System spreche ich dann, wenn Unterricht und Erziehung das Bekenntnis zu einer politischen, philosophischen oder religiösen Weltanschauung voraussetzen und auf die Fixierung dieser Weltanschauung abzielen. Solche Schul-Systeme waren z.B. das katholische, das faschistische und in einigen Ländern das kommunistische. Primär-ideologische Schul-Systeme beruhen auf einer geschlossenen Wertwelt und meist auf geschlossenen Welt-, Geschichts- und Menschenbildern. Sie haben kein objektives

Verhältnis zur Wahrheit. Sie wählen und interpretieren den Unterrichtsstoff strikt von den Systemzwecken her. Durch Zucht, Autorität und Indoktrination zwingen sie den Schüler zu system-konformen moralischen, intellektuellen und weltanschaulichen Einstellungen.

Von einem *sekundär-ideologischen* Schul-System spreche ich dann, wenn in Unterricht und Erziehung das Bekenntnis von vorausgesetzten Werten zwar nicht verlangt, das Bekenntnis zur Negation dieser Werte aber auch nicht geduldet wird. Ein sekundär-ideologisches Schul-System ist etwa dasjenige der Bundesrepublik oder auch dasjenige verschiedener schweizerischer Kantone. Sekundär-ideologische Schul-Systeme sind offen für Variabilität innerhalb festgesetzter Grenz- und Grundwerte, aber nicht für die Alternative zu diesen Werten. Ein wirklich objektives Verhältnis zur Wahrheit haben auch sie nicht. Der Unterrichtsstoff darf den Systemzwecken nicht widersprechen. Durch gemilderte Formen von Zucht, Autorität und Indoktrination führen sie den Schüler zu systemkonformen Einstellungen.

Den Unterschied zwischen dem primär- und dem sekundär-ideologischen System kann man in die Maxime fassen: 'Wer nicht für mich ist, ist wider mich.' – 'Wer nicht wider mich ist, ist für mich.'

Zwischen den beiden liegt zwar eine beträchtliche Differenz für die Möglichkeiten der pädagogischen Freiheit. Aber in einigen Punkten sind sie doch gleich: Beide Erziehungs-Systeme stossen aus, was 'wider mich ist', und beide wollen erreichen, dass der künftige Bürger 'für mich' ist. Beide sind von einer gesellschaftlichen Doktrin gelenkt und nicht von pädagogischen Idealen. Beide sind also heteronome, fremdgesetzliche, Erziehungs-Systeme.

Wahrscheinlich geschieht es sehr selten,

dass Gesellschaften in ihrem Erziehungs-Anspruch den Schritt vom sekundär-ideologischen System zum *offenen* System tun. Das wäre ein Erziehungs-System, das zur Wertwelt der Gesellschaft im Raum der Wahrheit und der Erziehung auch die strenge Alternative zuliesse, mit der einzigen Einschränkung, dass Propaganda für alle untersagt bliebe. Hier könnte es wahre Lehr- und Lernfreiheit geben, strikte Beachtung von Wahrheit und echte pädagogische Sorge. Eine solche Gesellschaft würde eigentlich nur den Raum für ein autonom-pädagogisches Erziehungs-System öffnen, also von einer ideologischen Führung der Erziehung absehen.

Es mag scheinen, dass das heute verwirklichte erzieherische Gegenmodell zu allen ideologischen Systemen das reine *pragmatisch-technokratische* Erziehungs-System sei. Ein solches System ermittelt bloss die künftigen Bedürfnisse der Gesellschaft und plant dann ihre Befriedigung. Es versucht also etwa, die nötige Anzahl von Akademikern, Bauern und Arbeitern mit hinreichendem Wissen und Können der Gesellschaft bereitzustellen. Dazu bedarf es keiner Ideologie, sondern bloss der Planung, der Organisation und der Sicherung des Unterrichts.

Aber dadurch garantiert es keineswegs einen freien Erziehungs-Raum. Technokraten setzen nicht selber Erziehungs-Ziele, sondern organisieren die Mittel und Wege zur Erreichung vorgegebener Ziele. Gerade weil sie selber ideologisch leer sind und die Ideologie nahezu für eine quantité négligeable halten, arbeiten sie, meist ohne sich dessen bewusst zu sein, für eine vorgegebene Ideologie. Blosser Pragmatismus dient dem jeweils herrschenden System. Er kann die Entfremdung der Schule vom pädagogischen Ideal verdoppeln: indem er heteronomen Erziehungs-Systemen auch noch auf erziehungsfeindliche Weise die Verwirklichung ihrer Ziele organisiert. Die wohltuende Sachlichkeit der Technokraten in Schulfragen gründet meist bloss in der Ahnungslosigkeit in Bezug auf die eigentliche Sache der Erziehung.

Ähnlich würde es sich übrigens verhalten, wenn Schule zum *Selbstzweck* würde. Sie wäre dann nicht etwa ein autonomes System, sondern bloss ein *automatisches Ritual,* in dem gelehrt, geprüft, befördert, relegiert wird, weil man das schon immer gemacht hat. Ich erwähne dieses Modell nur aus praktischen Gründen: Lehrer können in einem solchen Ausmass in die Routine ihres Treibens versinken, derart versklavt sein von üblichen Normen und Traditionen, dass bei ihnen Schule zum Selbstzweck wird. Das aber wäre die vollständige Entfremdung der Schule. Unter einer fleissigen, aber geist- und gedankenlosen Geschäftigkeit wird sie zum tödlichen Instrumentarium für alle Begabungen und zur Pflanzstätte der Stumpfheit. Schulung hat entweder einen Sinn, der über sie hinausweist, oder sie kann unterbleiben.

Die Suche nach dem angemessenen Modell für die Schule muss deshalb von der Frage ausgehen: Welchen Sinn sollen Unterricht und Erziehung haben?

Mir scheint nun, dass sich Erziehung im Qualifizieren, Selektionieren und Integrieren nicht erschöpft, sondern dass sie ihren eigentlichen Sinn aus der Entfaltung des Schülers und der Gesellschaft bekommt.

Wenn Schule nicht menschenfeindlich sein will, muss sie das Erziehungs-Milieu bilden, in dem Verstand, Phantasie, Urteilskraft, Kritikfähigkeit, Moralität, Sinnlichkeit und die Gefühlswelt des Schülers sich entfalten können. Und wenn sie nicht zur Stagnation der Gesellschaft führen will, muss sie diese erneuern durch Individualitäten, die ihre Freiheit für alle wollen, die also solidarisch sind, Gerechtigkeit ersehnen und bereit sind, für sie auf Privilegien zu verzichten, aber auch ihre objektiven Hindernisse in der Gesellschaft auszuräumen. Für Erziehung wird also nicht das So-Sein eines jungen Menschen das Mass geben, sondern die realen Möglichkeiten, die in ihm stecken und die er verwirklichen kann, indem er sein So-Sein überschreitet. Und für ihr Verhältnis zur Gesellschaft wird nicht deren heutige Ausprägung das Mass sein, sondern ein Ideal von Freiheit und Gerechtigkeit, das gesellschaftliches Handeln reguliert und ausrichtet. Erziehung darf sich deshalb von einer bestehenden Wertwelt einer Gesellschaft nicht blockieren lassen. So wie die Schule nicht zur materiellen Reproduktion der Gesellschaft verpflichtet wird, so soll sie nicht zur geistigen Reproduktion gesellschaftlicher Werte verpflichtet werden. Sie ist ein grundsätzlich utopisches Unternehmen, sie selbst, der Gesellschaft und dem Dasein des Schülers vorweg.

Ein *pädagogisches* Schul-Modell muss deshalb einen offenen und weiten Raum haben, in dem sich die mentalen und charakterlichen Fähigkeiten entwickeln können, eine unfixierte Wertwelt, in der man auch träumen und experimentieren darf, eine wahrhafte Liberalität, in der jede Wahrheit Wahrheit sein darf, einen gewissen Ernst, in dem Erkenntnis auch zum Erlebnis werden kann, und eine menschenfreundliche Stimmung, in der Solidarität und gegenseitige Hilfe geübt werden. Damit der Lehrer in ihm den meist spontaneren, unverbrauchteren und produktiveren Kindern gewachsen sein kann, braucht er die Freiheit eines Künstlers und nicht die Zwangsjacke eines Beamten.

Die Schule muss sich im allgemeinen ihren Platz in der Gesellschaft nicht erkämpfen. Ihr wird ein grosser Raum zugestanden. Aber sie muss gegen die Überlagerung und Erdrükkung ihrer pädagogischen Aufgabe durch fremde Interessen den Kampf wagen. Hat sie im Kampf gegen die ideologischen Modelle überhaupt eine Chance?

Das scheint fast aussichtslos zu sein. Der Druck gegen einen freien pädagogischen Raum kommt von vielen Seiten. Die Schule selber scheint ihm verfallen zu sein: Die staats- und ideologietreue Haltung der Lehrer ist durch viele empirische Untersuchungen ermittelt; der durchschnittliche Unterricht ist ein Weg des pädagogischen Elends, auf dem die Kinder sicher aus der Unterdrückung durch die Familie in die Unterdrückung durch den Staat, die Armee und die Wirtschaft geleitet werden. Die Frage nach der Entfremdung der Erziehung scheint in dem Zirkel zu enden: Solange die Schule nicht besser ist, kann es keine bessere Gesellschaft geben; solange die Gesellschaft nicht besser ist, wird es keine bessere Schule geben.

Ich glaube, dass dies nicht ganz richtig ist. Es gibt die Schlupflöcher der Freiheit im System: Man könnte in Wohngemeinschaften kleine Schulen gründen und dort einen fast unbegrenzt offenen pädagogischen Raum finden. Man könnte in Städten freie Schulen eröffnen und dort weitgehend dem Druck der grossen Institutionen entgehen. Man hat Privat-Schulen, wie etwa die Waldorfschule oder die übrigen Steiner-Schulen, die pädagogisch in mancher Hinsicht Vorbildliches leisten. – Der Nachteil ist allerdings fast immer, dass die Privat-Schulen ohne öffentliche Unterstützung bleiben. Sie setzen entweder einen starken finanziellen Rückhalt voraus oder eine sehr enge Solidarität zwischen Elternschaft und Lehrer.

Aber auch im öffentlichen System gibt es die Schlupflöcher: Die Schule ist ein Schonraum, in den die Gesellschaft personal nicht so schnell eindringt, wenn sie nicht durch Radikalität geschreckt oder durch Kampagnen verhetzt wird. In ihm bleibt dem Lehrer eine gewisse pädagogische Freiheit, wenn er nur davon Gebrauch machen wollte! Dass er den Mut zur Freiheit findet, scheint ein ebenso grosses Problem zu sein, wie dass die Gesellschaft der Schule mehr Freiheit gewährt. Hier liegt die pädagogische Aufgabe der Seminare, die in der öffentlichen Erziehung die Schlüsselstellung schlechthin innehaben.

Es würde von politischer Naivität zeugen, wollte man das pädagogische Modell vertagen, bis die Gesellschaft aus ihrer Entfremdung heimkehrt. Sie wird es vor der Schule nicht tun. Also müssen die Lehrer, der Entwicklung der Gesellschaft vorausgreifend, die utopische und emanzipatorische Dimension der Erziehung in die Schule zurückholen. Im Verhältnis zur Interessens-Gesellschaft hat der Zynismus der Pädagogen sein moralisches Recht: 'Ich mache Gebrauch von euerer Institution — aber nicht für eure Ziele.'

Anmerkungen

1) Condorcet: Bericht und Entwurf einer Verordnung über die allgemeine Organisation des öffentlichen Unterrichtswesens. — In: Michael, B. und Schepp, H.-H. (Hrsg.): Politik und Schule von der Französischen Revolution bis zur Gegenwart. Eine Quellensammlung zum Verhältnis von Gesellschaft, Schule und Staat im 19. und 20. Jahrhundert, Bd. 1, Frankfurt/Main

1973, pp. 130-135.
2) Nach Marx nennt man Gesellschaft die Gesamtheit der gesellschaftlichen Verhältnisse. Diese sind durch die Gesamtheit der Produktionsverhältnisse gebildet, und zwar auf einer je bestimmten geschichtlichen Entwicklungsstufe. Gesellschaft existiert stets in Gestalt einer historisch bestimmten ökonomischen Gesellschaftsformation. Sie ist ein sozialer Organismus, der in seiner Entstehung, seinem Funktionieren und in seiner Verwandlung bestimmten Gesetzmässigkeiten folgt, die durch die Gesamtheit der Produktionsverhältnisse gegeben sind. Aus der materiellen ökonomischen Struktur einer Gesellschaft ergibt sich die konkrete Gestaltung aller übrigen gesellschaftlichen Beziehungen, so etwa des Staates, des Rechts, der Ideologie. Staat ist demnach nach Marx ein rechtlich organisierter Überbau auf der materiellen ökonomischen Basis einer Gesellschaft. Er ist eine Institution der Gesellschaft, und zwar das entscheidende Machtinstrument in den Händen der jeweils herrschenden Klasse zur Durchsetzung ihrer Interessen. In der klassenlosen Gesellschaft stirbt er ab. Gesellschaft ist dann herrschaftslos.
3) Zitiert nach Salzmann, Friedrich: Bürger für die Gesetze. Darstellung des erziehenden Staates, Bern 1949, p. 160.
4) Zitiert nach Salzmann, a.a.O. pp. 195 f. — Zu den Zweckbestimmungen in der Schweiz bis zum Zweiten Weltkrieg s. Salzmann, bes. 187 ff. — Die heute geltenden Zweckbestimmungen sind zusammengetragen in: Der Gesellschaftsbezug der Schule. Der staats- und gesellschaftspolitische Handlungsraum des Lehrers. Dokumentation, Biel (Sekretariat SSDK) 1976.
5) Zitiert nach Salzmann, pp. 167 f.
6) Zit. nach Salzmann, p. 169.
7) Zit. nach Salzmann, p. 180.
8) Vgl. dazu das reiche Material bei Michael/Schepp, Bd. 1 und bei Titze, Hartmut: Die Politisierung der Erziehung. Untersuchungen über soziale und politische Funktion der Erziehung von der Auf-

klärung bis zum Hochkapitalismus. Frankfurt/ Main 1973 (Fischer Athenäum Taschenbücher 3002).
9) Material in Michael/Schepp, Bde. 1 und 2.
10) Das Material ist auf eindrückliche Weise zusammengetragen in dem Werk von Salzmann.
11) Aus dem Vorwort von Philipp Etter zu dem einstmals auch in den Schulen verbreiteten Werk 'Schweizer Wehrgeist in der Kunst'. − Zit. nach Salzmann, p. 194 f.
12) Verlautbarung des EMD in der Eidgenössischen Turnschule 1927. Zit. nach Salzmann, p. 218.
13) Aus einer Eingabe der Schweizerischen Offiziersgesellschaft und des Schweizerischen Unteroffiziersverbandes an den Chef des EMD im November 1937. − Zit. nach Salzmann, p. 217.
14) Zit. nach Salzmann, p. 217
15) Dazu: Nyssen, Friedhelm: Schule im Kapitalismus. Der Einfluss wirtschaftlicher Interessensverbände im Felde der Schule, Köln 1970.
16) Dazu den vorausgehenden Aufsatz 'Der Lehrer und die Politik', Teil IV und die dort unter Anm. 21) und 22) angegebene Literatur.
17) Zit. nach Michael/Schepp Bd. 2, pp. 143 ff.

Erziehung zum Patriotismus ist ein Verbrechen

Die Rundfrage des 'Basler Schulblattes' (1) spricht von der 'Förderung der Liebe zur Heimat', von der 'patriotischen Erziehung' und von der 'Erziehung zum Patriotismus' so, als ob diese drei Wendungen das gleiche bedeuteten. Dieser Sprachgebrauch ist verwirrlich. Eine differenzierende Beantwortung der gestellten Frage ist nur über eine Differenzierung der Terminologie möglich.

Heimat ist der vertraute Lebensraum, meist der erste, in den man als Kind allmählich hineinwächst. Städter verbinden mit Heimat vielleicht die Erinnerung an ein Quartier oder an eine Strasse, Menschen vom Land die Erinnerung an ein Dorf, vielleicht an eine Landschaft. Zur Heimat gehören mit Menschen, die frühen Spielkameraden, zuweilen auch ein bestimmter Menschenschlag und darüber hinaus alles, was das Gefühl der Geborgenheit und der Vertrautheit in entscheidenden Lebensjahren geweckt hat und oft für immer lebendig hält (2).

Das Kind lernt nicht in der Schule, was Heimat ist. Es lebt sich in Heimat ein, sei das nun in seinen Spielen, auf seinen Entdeckungen, durch die kleinen Abenteuer. Das Kind weiss dabei nicht, was Heimat ist; es objektiviert seine Geborgenheit in der Welt nicht; es lebt in ihr. Der Erwachsene wird sich bewusst, was ihm Heimat war, wenn er sie verlassen oder verloren hat.

Der Heimatkunde-Unterricht kann die nahe Umgebung des Kindes nicht als Heimat darstellen. Er objektiviert bloss ein Stück Welt vor anderen. Gerade diese Objektivation kann Heimatverlust bedeuten. Wo dieser Verlust dadurch kompensiert werden soll, dass die Liebe zu einem bevorzugten Stück Welt *gefordert* wird, ist schon alles unecht. Es gibt keine Pflicht zur Liebe der Heimat. Es gibt aber die Verpflichtung, dem Kind eine Welt zu überlassen, die ihm Heimat werden kann, und es gibt das Recht des Kindes auf Heimat: auf Unversehrtheit der Welt und auf Menschlichkeit der Menschen.

Wie also fördert man die Liebe zur Heimat? Nicht durch das Absingen von Liedern, nicht durch einen Zwang zur Liebe, der ein Unsinn ist, nicht durch verbale Lobpreisungen der engeren Umgebung. Man fördert die Liebe zur Heimat, indem man junge Menschen in wirtlichen Städten, in unverschandelten Landschaften und im Klima der Humanität aufwachsen lässt. Man fördert sie auch, indem man dem Kind das Recht auf Freiheit und Freizeit gewährt, damit sich der langsame innerliche Prozess der Heimatbildung vollziehen kann.

Ich bin der Meinung, man soll die Liebe zur Heimat fördern. Aber der Heimatkunde-Unterricht ist dafür letztlich von geringer Bedeutung. Das Entscheidende geschieht in der vernünftigen Sorge um die Welt und im menschlichen Umgang mit dem Kind. Das erste schafft die objektive Bedingung dafür, dass Welt noch Heimat werden kann; das zweite die subjektive Bedingung dafür, dass das Kind Welt in Heimat zu verwandeln vermag. Der Rest ist Ideologie, die als Heimat-Ideologie leicht zu einem beschränkten Gehäuse wird. Unwahr aber wird sie dann, wenn sie die Zerstörung der Welt und die Einsperrung des Kindes in die Leistungsgesellschaft kritiklos hinnimmt. Sie predigt dann die Liebe und duldet die Vernichtung ihrer Bedingungen oder treibt sie gar voran.

Etwas anderes ist die Frage, ob es eine Verpflichtung zur *patriotischen Erziehung* gebe. Patriotisch heisst vaterländisch. Was aber soll man unter einer vaterländischen Erziehung verstehen?

Es ist nicht möglich, dem Kind eine totale Weltkunde zu vermitteln. Die Schule muss unter den ungeheuren Stoffmassen auswählen. Da wir heute noch in Nationalstaaten leben, ist es legitim, Geschichte, Geographie und Kultur des eigenen Landes stoffmässig zu bevorzugen. Falls patriotische Erziehung intensive Aufklärung über die Herkunft, die äussere Gestalt, die Organisation und die Wertvorstellungen des Vaterlandes bedeutet, dann darf man sie bejahen. Als Aufklärung aber müsste sie objektiver, kritischer und konstruktiver Unterricht sein. Dieser Unterricht ehrt das Vaterland durch Wahrhaftigkeit, durch den Mut zur Beurteilung und den Willen zur Verbesserung. Er arbeitet auch mit Idealvorstellungen, aber in einer ganz bewussten Weise: er entwirft Idealkonstruktionen, um an ihnen das Vergangene und Gegenwärtige zu bemessen und den Willen zum Künftigen zu bilden. Idealvorstellungen legen also Massstäbe für die Kritik und sie geben Hinweise auf den künftigen Weg. Die Sünde der patriotischen Erziehung liegt darin, Geschichte und Gegenwart mit diesen Vorstellungen stilisierend zu identifizieren. Dann brechen Objektivität und Kritik in sich zusammen. Der Unterricht wird zur vielleicht schönen, aber deshalb nicht minder schädlichen Lüge.

Ich befürchte indes, dass mit patriotischer Erziehung nicht diese kritische Unterweisung, sondern die *Erziehung zum Patriotismus* gemeint ist. Patriotismus wird gemeinhin mit Vaterlandsliebe übersetzt. Vaterlandsliebe aber müsste Philopatrie heissen, wie Menschenliebe Philanthropie heisst. Die Endung 'ismus' bezeichnet nicht eine Form der Zuneigung, sondern die einseitige Betonung einer zur Kollektivverpflichtung erhobenen Maxime. Patriotismus ist Vaterländerei auf dem Zement einer kollektiven Ideologie. Man kann diese explizit machen: Das eigene Vaterland ist der Augapfel der Welt. Es ist in sich gut: Inbegriff und Vorbild. Zu seiner Erhaltung muss alles geschehen. Was nicht es selber und nicht wie es ist, ist weniger gut und bedroht es durch die blosse Existenz. In ihm haben wir eine gemeinsame Geschichte, eine gemeinsame Zukunft, eine gemeinsame Kultur, die dem vaterländischen Geist entspringt. Dadurch ist es eine historische Persönlichkeit, die wir in dem Mass erhalten, als wir sie lieben.

Um diese Treibhauspflanze wächst all das Unkraut, das unser Land überwuchert: Der Nationalstolz, der Egoismus, die Engstirnigkeit, die Selbstgefälligkeit, der Fremdenhass, der Anspruch auf Auserwähltheit, auf politische und moralische Examinierung anderer Völker. Die Frage darf nicht länger lauten, ob es für den Erzieher eine Verpflichtung zum Patriotismus gibt, sondern, ob Erziehung zum Patriotismus noch erlaubt ist.

Ich bin der Ansicht: sie ist für uns nicht erlaubt; sie ist aus vielen Gründen ein Verbrechen. Sie ruiniert die Urteilsfähigkeit der Kinder, zerstört die aufkeimende politische Phantasie; sie uniformiert geistig und führt in einen vaterländischen Aberglauben. Sie errichtet einen das ganze Dasein umfassenden Terror, den man nur darum für milde hält, weil man schon in ihm aufgewachsen ist.

Es gibt eine mögliche Aufhebung dieses Verdikts: Das Urteil über den Patriotismus ist nicht unabhängig von der jeweiligen geschichtlichen Situation. Für ein Kolonialvolk kann er eine Voraussetzung sein, das Selbstbewusstsein als Volk zu erlangen. Für eine Gesellschaft, die durch eine diktatorische Regierung geknechtet wird, kann er ein Appell an die Souveränität des Volks sein. In beiden Fällen wäre er eine die politische Entwicklung vorantreibende Kraft. So hatten bei uns noch im 18. Jahrhundert 'patrie' und 'amour de la patrie' einen revolutionären Klang.

Aber wie steht es heute damit für uns? – Wir sind von befreundeten Völkern umgeben, die wir verstehen lernen müssen. Wir sind von niemandem geknechtet als von uns selbst. Wir haben kulturell von anderen Völkern zu lernen. Wir leben überdem in einer Zeit, in der sich ein neues Weltbewusstsein herausbilden muss: das Bewusstsein der gemeinsamen Verantwortung für das Fortbestehen der Welt. Politisch wird diese Bewusstseinsbildung nur möglich über den Abbau der nationalen Souveränität. Auf dieses neue Weltbewusstsein müssen wir unsere Schüler vorbereiten. Wir sollen sie zur Weltoffenheit erziehen. Das kann ein schmerzlicher Prozess sein: eine gewaltige Entmythologisierung unserer Geschichte, unserer Politik, unserer Nation und unserer Wertvorstellungen. Keine restaurative Tendenz wird uns davon dispensieren. Mit dem Rücken zur Zukunft hat noch niemand denen gedient, die eine Zukunft haben: den Kindern.

Anmerkungen

1) Der Text der Umfrage lautete:
   Noch vor wenigen Jahren gehörten Weckung und Förderung der Liebe zur Heimat zu den unbestrittenen Erziehungszielen der öffentlichen

Schule. Dieser Aufgabe war etwa der Heimatkundeunterricht an der Primarschule verpflichtet. Auf der Mittelstufe wurden der Schweizergeographie und der Schweizergeschichte viel Zeit eingeräumt, und im Deutschunterricht war Schillers Tell Pflichtlektüre. Auch der Singunterricht, von dem man sich besonders gemütsbildende Wirkungen erhoffte, wurde mit der Pflege von Volks- und eigentlichen Vaterlandsliedern in den Dienst jenes Erziehungsziels gestellt.

Heute ist diese Erziehung zum Patriotismus nicht mehr hoch im Kurs. Man belächelt sie; man lehnt sie sogar ab, weil sie angeblich zu Nationaldünkel und andern faschistoiden Haltungen verleite. Die Deutschlehrer mögen Schillers Pathos nicht mehr; die Geschichtslehrer sind durch die neue Welle der Entmythologisierung der Schweizer Geschichte verunsichert. Die Basler Regierung liess den Jungbürgern an der letzten Jungbürgerfeier in der Komödie und als Komödie Max Frischs Anti-Mythos zu Wilhelm Tell rezitieren. Und auch die Schweizerlieder passen nicht mehr in die gewandelte Gefühlslandschaft.

Angesichts dieser Entwicklung tut eine Standortbestimmung not. Ist die Schule eigentlich aus der Verpflichtung der 'patriotischen Erziehung' stillschweigend entlassen? So wie sie – wenigstens in Basel – längst schon die religiöse Erziehung denen überlässt, die darin noch irgend einen Sinn erkennen?

2) S. dazu Mitscherlich, Alexander und Kalow, Gert (Hrsg.): Hauptworte – Hauptsachen. Zwei Gespräche: Heimat. Nation, München 1971 (Serie Piper 16).

Von der Verantwortung der Wissenschaftler

Liebe Maturandinnen,

Sie verzeihen mir vielleicht, wenn ich die Festfreude kurz durch eine Besinnung auf etwas unterbreche, das nicht bestanden ist, sondern das Ihnen noch bevorsteht: die Wahl einer sinnvollen künftigen Arbeit.

Ein grosser Teil unter Ihnen wird sich in den nächsten Jahren in einige Bereiche der Wissenschaften einarbeiten. Vermutlich treffen dabei die meisten eine erste Wahl ganz naiv, nämlich geleitet von der Frage: was *möchte* ich eigentlich tun? Diese Wahl wird selten rational durchleuchtet. Man trifft sie aufgrund von Vorliebe, Neugier, Hoffnungen, Zukunftsbildern. So steigt man in den disziplinierten Umgang mit der ratio meist durch einen Entschluss, der viele irrationale Komponenten enthält. Das ist der natürliche, immer noch korrigierbare, der nahezu *ästhetische* Schritt *in* die Wissenschaften.

Im Erlernen einer Wissenschaft werden Sie bald die ungeheure Fülle des möglichen Wissbaren und der darauf gegründeten Praxis sehen. Die Frage wird aufsteigen: Warum tue ich gerade Dieses, warum nicht etwas Anderes? Die alte Antwort: weil es mir eben Spass macht, wird zwar immer noch ins Gewicht fallen, aber sie wird nicht mehr zureichend und befriedigend sein. Die ästhetische Wahl muss gleichsam eingeholt werden durch eine *ethische*. Damit wird Ihnen die Frage nach der Ethik in den Wissenschaften und im künftigen praktischen Tun zunehmend bewusst werden.

Sie werden nun bald die enttäuschende Erfahrung machen, dass man an der Universität der ethischen Frage nach dem Wozu der Wissenschaften, die doch die Grundfrage des wissenschaftlich-technischen Zeitalters sein müsste, aus dem Wege geht oder dass man ihr mit einer verkürzten akademischen Antwort begegnet.

Man wird stillschweigend voraussetzen, dass Wissen, Denken und technisches Können an sich schon gut und wünschenswert sind. Man wird sagen: Das Ethische in allem wissenschaftlichen Tun liege eben in der Wissenschaftlichkeit: im schrittweisen, methodisch geklärten, ganz bewussten Nachvollziehen von altem und im Erschliessen von neuem Wissen. Der Wissenschaftler sei als Wissenschaftler verantwortungsbewusst, wenn er saubere, möglichst reine Wissenschaft treibe. Seine Grundfrage sei zu allen Zeiten die gleiche: Unter welchen Bedingungen ist Wissenschaft wahrhaft Wissenschaft?

Ich möchte nun keineswegs bestreiten, dass diese Frage eine Grundfrage unseres Zeitalters bleiben wird. Zweifellos gibt es die Verantwortung des Wissenschaftlers vor der Wissenschaft: eben das Ethos der Wissenschaftlichkeit, ohne das alle Wissenschaft in Meinung und Aberglauben versinken müsste. Aber es gibt zugleich die Verantwortung der Wissenschaftler vor der Gesellschaft, und diese Verantwortung müssen wir heute sehen und ihren verpflichtenden Charakter verstehen lernen. Ihre Grundfrage ist weit unbequemer. Sie lautet etwa: Welchen Interessen, welchen Mächten, welchen Zielen will ich mit meiner Arbeit dienen und welchen ganz und gar nicht? — Angesichts dieser Frage ist Wissen nicht schon geheiligt, wenn und weil es sauberes

Wissen ist; es muss sich vielmehr noch durch seinen Sinn ausweisen, der in der Verantwortung vor der Wissenschaft nicht mitgegeben ist.

Ich will Ihnen ein Beispiel nennen: ein Chemiker etwa kann der Verpflichtung vor der Wissenschaft genüge tun und doch Nervengase herstellen; ein Physiker kann ein glänzender wissenschaftlicher Kopf sein und doch ein Leben lang für die noch perfektere Bombe arbeiten. Das aber sind nur besonders augenfällige Beispiele für einen durchgehenden Sachverhalt: Wissenschaft kann auch zur Vernichtung und Unterdrückung des Menschen und zur Zerstörung der Welt eingesetzt werden, und diese zerstörerische Wissenschaft ist nicht eine grundsätzlich andere Wissenschaft als jene, durch die eine menschenfreundlichere Welt und ein menschenwürdigeres Dasein geschaffen werden könnten. Das aber bedeutet: Wissen und Wissenschaft sind nicht Endwerte und Endzwecke an sich. Sie bekommen ihren Sinn von den Zielen her, die wir wählen und denen wir sie dienstbar machen.

Über das Verhältnis der beiden Verpflichtungen zueinander lässt sich andeutungsweise sagen: Wo immer Wissenschaft getrieben wird, muss der Verpflichtung vor der Wissenschaft genüge geschehen. Die gesellschaftlich-ethische Verpflichtung aber kommt nicht im nachhinein bloss hinzu, sondern sie geht als Grundverpflichtung aller Wissenschaft und aller Praxis voraus und sie lenkt diese erst auf eine sinnvolle Bahn.

Der Sinn Ihrer künftigen wissenschaftlichen Arbeit lässt sich nicht ein für allemal fixieren. Das Mühsame liegt eben daran, dass jedes Projekt konkret auf die mögliche Sinngebung hin bedacht werden muss. Aber die allgemeine Richtung der Sinngebung lässt sich doch anzeigen: Alle wissenschaftliche Arbeit soll erstens die aufklärerische Funktion des

Wissens wachhalten; sie soll also, wie Kant einmal gesagt hat, den Menschen aus der selbstverschuldeten Unmündigkeit herausführen; sie soll Wagnis sein, sich seines *eigenen* Verstandes zu bedienen. Sie soll zweitens mitarbeiten an der Eliminierung all jener Verhältnisse, in denen, wie Marx gesagt hat, 'der Mensch ein erniedrigtes, ein geknechtetes, ein verlassenes, ein verächtliches Wesen ist'. Das freie Wissen findet seinen Sinn in der Befreiung des Menschen in einer gerechten Gesellschaft und in einer lebenswerten Welt. Wissenschaft, die sich dieser Aufgabe entzieht, hat ihre humane Würde verloren.

Liebe Maturandinnen,

man wird Ihnen an der Universität diesen Sinn zur wissenschaftlichen Arbeit nicht mitliefern. Sie müssen ihn vielmehr quer zum weitgehend ausserethischen Wissenschaftsbetrieb finden, und Sie müssen ihm oft quer zu einer Gesellschaft die Treue halten, die ihn aus Bequemlichkeit und im Schlepptau von Einzel- und Gruppeninteressen nicht sehen will. – Ich wünsche Ihnen, dass Sie den Mut und die Munterkeit haben für ihn zu kämpfen: realistisch, aber nicht ohne Träume; skeptisch, aber nicht ohne Hoffnung; konkret, aber nicht ohne Ideale.

Bibliographie

Adorno, Theodor W.: Erziehung zur Mündigkeit. Vorträge und Gespräche mit Hellmut Becker 1959 - 1969. Frankfurt/M. 1973 (suhrkamp taschenbuch 11).

Atteslander, Peter: Die letzten Tage der Gegenwart oder Das Alibi-Syndrom. Ed. Zürich 1974, besonders: 'Vor dem Bankrott der Schule', p. 161 - 184.

Augustinus, Aurelius: Der Lehrer (De magistro liber unus). Dt. v. C.J. Perl, Paderborn 1959.

Scuola di Barbiana. Die Schülerschule. Brief an eine Lehrerin. Aus dem Italienischen übersetzt von Alexander Langer und Marianne Andre. Vorwort von Peter Bichsel. Berlin 1974 (Politik 21).

Barde, Renaud: De quelle manière l'enseignant peut-il tenir compte des besoins de la collectivité? In: Der Lehrer: Vorstellungen und Wirklichkeit. Bericht über die Studienwoche Montreux, 7. - 12. April 1975, Kriens/Luzern 1975, p. 51 - 59.

Baethge, M.: Ausbildung und Herrschaft. Frankfurt am Main 1970.

Beck, Johannes: Lernen in der Klassenschule. Untersuchungen für die Praxis. Teile und herrsche, Dressur, Rituale, Verdummung. Training für die Produktion. Schulreform und Schulkampf. Reinbek bei Hamburg 1974 (rororo sachbuch Bd. 6820).

Beck, Johannes/Clemenz, Manfred/Heinisch, Franz/Jouhy, Ernest/Markert, Werner/Müller, Hermann/Pressel, Alfred: Erziehung in der Klassengesellschaft. Einführung in die Soziologie der Erziehung. München 1975 (List Taschenbücher der Wissenschaft. Erziehungswissenschaft Bd. 1661).

Wissenschaftliche Experten und politische Praxis – Das Problem der Zusammenarbeit in der heuti-

gen Demokratie. Diskussionsleiter: Prof. Hellmut *Becker.* Referenten:
Helmut Schelsky, Ulrich Lohmar, Bergedorfer Gesprächskreis zu Fragen der freien industriellen Gesellschaft. Bergedorfer Protokolle Bd. 17, Hamburg - Berlin 1967.

Behrens, Frank: Das Projekt 'Arbeit' in der Grundschule. München 1974 (List Taschenbücher der Wissenschaft. Erziehungswissenschaft Bd. 1669).

Benjamin, Walter: Über Kinder, Jugend und Erziehung. Frankfurt/M. 1969 (edition suhrkamp 391).

Berge, André: Autorität und Freiheit in der Erziehung. – In: ERZIEHUNG UND PSYCHOLOGIE. Beihefte der ZS 'Schule und Psychologie'. Hrsg. H.-R. Lückert. Heft 20. München/Basel 1961.

Die menschlichen *Beziehungen* in der Schule
Les relations humaines à l'école
Le relazioni umane nella scuola
Tagungsbericht der Studienwoche 1971 in Interlaken. Hrsg. v. Verein Schweizerischer Gymnasiallehrer. Schweizerische Zentralstelle für die berufliche Weiterbildung der Mittelschullehrer. Aarau 1972 (gymnasium helveticum. sonderheft juni 1972).

Buber, Martin: Reden über Erziehung. Heidelberg 1956.

Bungardt, Karl: Die Odysee der Lehrerschaft. Sozialgeschichte eines Standes. 2. überarb. Aufl., Hannover 1965.

Charlton, Michael/Dauber, Heinrich/Preuss, Otmar/ Scheilke, Christoph Th.: Innovation im Schulalltag. Arbeitsbuch für Lehrende und Lernende. Lehrer-Schüler-Interaktion. Lehrerrolle. Gesellschaftliche Aspekte der Lehrerarbeit. Demokratisierung der Schule. Reinbek bei Hamburg 1975 (rororo sachbuch Bd. 6917).

Combe, Arno: Kritik der Lehrerrolle. Gesellschaftliche Voraussetzungen und soziale Folgen des Lehrerbewusstseins. München 1973 (List Taschenbücher der Wissenschaft, Erziehungswissenschaft Bd. 1662).

Combe, Arno: Zur Arbeitssituation des Lehrers. Staatliche Bildungspolitik und Schulpraxis.

München 1975 (List Taschenbücher der Wissenschaft, Erziehungswissenschaft Bd. 1670).

Dauber, Heinrich: Lehrerrolle und Sozialisation. Zur Anwendung des Rollenmodells im Vorfeld einer Theorie des Lehrers, Diss. Tübingen 1973.

Die 'demokratischen Rechte' des Lehrers. Eine Fallstudie (Zürich) — In: Dokumentation zu: Der Gesellschaftsbezug der Schule.

Dienstverweigerer als Lehrer? Grundsätze des Erziehungsrates (Zürich) vom 2.XII.1975. — In: Dokumentation zu: Der Gesellschaftsbezug der Schule.

Dokumentation zu: Der Gesellschaftsbezug der Schule. Der staats- und gesellschaftspolitische Handlungsraum des Lehrers. Sekretariat SSDK Biel (Hektographie) 1976 (Konferenz der Leiter schweizerischer Lehrerbildungsanstalten).

Döring, Klaus W.: Lehrerverhalten und Lehrerberuf. Zur Professionalisierung erzieherischen Verhaltens. Eine Einführung. Weinheim und Basel, 5. erw. Aufl. 1973.

Fink, Eugen: Erziehungswissenschaft und Lebenslehre. Freiburg/Breisgau 1970 (rombach hochschul paperback, Bd. 17).

Flitner, Wilhelm: Die abendländischen Vorbilder und das Ziel der Erziehung. Godesberg 1947.

Friedrich, Rudolf: Die Grenzen der Freiheit in der Demokratie. — In: Tages-Anzeiger, 31. Januar 1976, p. 37 f.

Frister, Erich & Jochimsen, Luc (Hrsg.): Wie links dürfen Lehrer sein? Reinbek bei Hamburg 1972 (rororo aktuell 1555 A).

Gamm, H.-J.: Kritische Schule. München 1970.

Gamm, H.-J.: Das Elend der spätbürgerlichen Pädagogik. München 1972.

Erziehungsdirektor Dr. med. Alfred *Gilgen.* 1971 - 1975. Daten und Fakten. Hrsg. v. Gewerkschaft Kultur Erziehung Wissenschaft. Zürich 1975.

Grosjean, Georges: Von der Freiheit des Lehrers. — In: Der Bund, Nr. 220, 21.IX.1975.

Gross, Etienne: Kritische Thesen zur Frage des zwangsweisen Gegensatzes zwischen Lehrer, Staat und Politik. Eine Untersuchung über mögliche Einflüsse ideologischer Hintergründe auf das Verhältnis zwischen Lehrer, Staat und Politik (unter besonderer Berücksichtigung des Artikels von Saner in der SLZ ...) Hektographie.

Häberlin, Paul: Der Lehrer als Organ des demokratischen Staates. — In: Paul Häberlin: Zum ABC der Erziehung. Schriften der Paul Häberlin-Gesellschaft Bd. II. Zürich 1966, p. 77 - 96.

Habermas, Jürgen/Friedeburg, Ludwig von/Oehler, Christoph/Weltz, Friedrich: Student und Politik. Eine soziologische Untersuchung zum politischen Bewusstsein Frankfurter Studenten. Neuwied/Rhein u. Berlin, 2. Aufl. 1967 (Soziologische Texte Bd. 18. Hrsg. v. Heinz Maus und Friedr. Fürstenberg).

Haendly, Gunter Klaus: Politische Bildung und Erziehung. Die Problematik des politischen Unterrichts in der Höheren Schule, dargestellt am Beispiel der Gemeinschaftskunde in Nordrhein-Westfalen. Diss. Heidelberg o.J.

Hamburger Lehrerkollektiv: Jahrbuch für Junglehrer 1975. Perspektiven für die Berufspraxis (rororo-sachbuch Bd. 6884 Reinbek b. Hamburg 1974).

Harnischfeger, Annegret: Die Veränderung politischer Einstellungen durch Unterricht. Ein Experiment zur Beeinflussung der Nationbezogenheit. Berlin 1972 (Max-Plank-Institut für Bildungsforschung, Bd. 26).

Hentig, Hartmut von: Die Schule im Regelkreis. Ein neues Modell für die Probleme der Erziehung und Bildung. Stuttgart 1965.

Hentig, Hartmut von: Ordnung statt Verschulung. — In: NEUE SAMMLUNG. Göttinger Blätter für Kultur und Erziehung, 3. Jg., Heft 2 (März/April 1963), p. 106 - 113.

Hentig, Hartmut von: Der Beruf des Lehrers. — In: NEUE SAMMLUNG. Göttinger Blätter für Kultur und Erziehung, 3. Jg., Heft 3 (Mai/Juni 1963), p. 216 - 235.

Hentig, Hartmut von: Die politische Rolle des Lehrers. — In: NEUE SAMMLUNG. Göttinger Blätter für Kultur und Erziehung, 5. Jg., Heft 6 (Nov./Dez. 1965), p. 498 - 520.

Hersch, Jeanne: 'Die Demokratisierung der Schule'. – In: J.H.: Die Unfähigkeit, Freiheit zu ertragen. Aufsätze und Reden. Zürich/Köln 1975, p. 136 - 147.

Hersch, Jeanne: 'Der Lehrer in der heutigen Krise'. – In: J. H.: Die Unfähigkeit, Freiheit zu ertragen. Aufsätze und Reden. Zürich/Köln 1975, p. 148 - 161.

Hertach, R.: Strapazierter Demokratiebegriff (zu H. Saner, Der Lehrer und die Politik) – In: SLZ 8, 19. II. 1976, p. 252.

Hoernle, Edwin: Grundfragen proletarischer Erziehung. Frankfurt/M. 1973 (Bücher des Wissens Bd. 6247).

Hohendorf, G./Musick, B./Schreiter, G.: Lehrer im antifaschistischen Widerstandskampf der Völker. Studien und Materialien, 1. Folge. Berlin 1974. MONUMENTA PAEDAGOGICA Bd. XV, 1. Folge, Reihe B.

Hopf, Arnulf: Lehrerbewusstsein im Wandel. Eine empirische Untersuchung über politische und gesellschaftliche Einstellungen bei Junglehrern. Düsseldorf 1974.

Huisken, Freerk: Zur Kritik bürgerlicher Didaktik und Bildungsökonomie. München 1972 (List Taschenbücher der Wissenschaft. Erziehungswissenschaft Bd. 1663).

Illich, Ivan: Schulen helfen nicht. Über das mythenbildende Ritual der Industriegesellschaft. Reinbek bei Hamburg 1972 (rororo sachbuch Bd. 6778).

Illich, Ivan: Die Entschulung der Gesellschaft. Entwurf eines demokratischen Bildungssystems. Reinbek bei Hamburg 1973 (rororo sachbuch Bd. 6828).

Jaggi, Arnold: Brief an H. Saner i.S. Geschichtsunterricht. – In: SLZ 10, 4. III. 1976, pp. 323 f.

Jaggi, Arnold: Brief an H. Saner in S. Geschichtsunterricht. – In: SLZ 22, 26. V. 1976, pp. 868 f.

Jaspers, Karl: Wohin treibt die Bundesrepublik? Tatsachen. Gefahren. Chancen. München 1966. Besonders: 'Die Erziehung', p. 201 - 208.

Jaspers, Karl: ANTWORT. Zur Kritik meiner Schrift 'Wohin treibt die Bundesrepublik? ' München

1967. Besonders: 'Erziehung', p. 98 - 105.

Kaltenbrunner, Gerd-Klaus (Hrsg.): Klassenkampf und Bildungsreform. Die neue Konfessionsschule. München 1974 (Herderbücherei INITIATIVE 2).

Karras, H.: Die Grundgedanken der sozialistischen Pädagogik in Marx' Hauptwerk 'Das Kapital'. Berlin 1958.

Kerschensteiner, Georg: Autorität und Freiheit als Bildungsgrundsätze. — In: Entschiedene Schulreform. Abhandlungen zur Erneuerung der deutschen Erziehung, Heft 28, Leipzig o.J.

Kirsten, Rainer E.: Lehrerverhalten. Untersuchungen und Interpretationen mit einem Anhang für die empirische Arbeit in der Schulklasse. Stuttgart 1973.

Kohler, André: Über das soziale Ansehen von Lehrberufen. Diss. Münster 1967.

Lehmann, Berndt: Arbeitswelt und Lehrerbewusstsein. Einstellungen von Grund- und Hauptschullehrern zu sozioökonomischen Formationen in der BRD. Neuwied/Berlin 1974 (Kritische Texte zur Sozialarbeit und Sozailpädagogik).

L'enseignant: mythes et réalité
Der Lehrer: Vorstellungen und Wirklichkeit
Il docente: miti e realtà
  Actes de la semaine d'études
  Bericht über die Studienwoche
  Relazione della Settimana di studio
  Montreux 7 - 12 avril 1975. Hrsg: Schweizerische Zentralstelle für die Weiterbildung der Mittelschullehrer. Kriens/Luzern 1975.

Lindenberg, Christoph: Waldorfschulen: Angstfrei lernen, selbstbewusst handeln. Praxis eines verkannten Schulmodells. Reinbek bei Hamburg 1975 (rororo sachbuch Bd. 6904).

Litt, Theodor: Die politische Selbsterziehung des deutschen Volkes. 4. Aufl., Bonn 1956 (Schriftenreihe der Bundeszentrale für Heimatdienst, Heft 1).

Mattmüller-Frick, Felix: Schule = Politik. Basel 1975.

Michael, Berthold & Schepp, Heinz-Hermann (Hrsg.): Politik und Schule von der Französischen Revolution bis zur Gegenwart. Eine Quellensammlung zum Verhältnis von Gesellschaft, Schule und Staat im 19. und 20. Jahrhundert. 2 Bde. Frankfurt/M. 1973 f. (Fischer Athenäum Taschenbücher. Erziehungswissenschaft, Nr. 3003 u. 3004).

Mickel, Wolfgang: Politische Bildung an Gymnasien 1945 - 1965. Analyse und Dokumentation. Stuttgart 1967 (Bildungssoziologische Forschungen Bd. 2).

Mollenhauer, K.: Erziehung und Emanzipation. Polemische Skizzen. München 1970.

Müller-Forbrodt, Gisela: Wie sind Lehrer wirklich? Ideale – Vorurteile – Fakten. Eine empirische Untersuchung über angehende Lehrer. Stuttgart 1973.

Müller, Hanspeter: Erziehung: Weg zu weltweiter Mitmenschlichkeit. Beitrag zur Pädagogik der Gegenwart. Schriftenreihe Erziehung und Unterricht, Heft 8, Bern/Stuttgart 1969.

Müller, Hanspeter: Von der Schönwetterprognose zum Platzregen. Der pädagogische Aspekt zur Fragestellung: 'Ist Begabung herstellbar? ' Referat an der Tagung deutschschweizerischer Berufsberater am 20. November 1974 in Zürich. Typoscript.

Muralt, Bruno: 'Neutrale' oder engagierte Lehrer? – In: Der Lehrer: Vorstellungen und Wirklichkeit. Bericht über die Studienwoche Montreux, 7. - 12. April 1975. Kriens/Luzern 1975, p. 37 - 48.

Muschg, Adolf: Von den Schranken der Schranken der Grundrechte. – In: Tages-Anzeiger, 31.I. 1976, p. 37 f.

Neill, Alexander Sutherland: Das Prinzip Summerhill: Fragen und Antworten. Argumente, Erfahrunren, Ratschläge. Reinbek bei Hamburg 1971 (rororo sachbuch Bd. 6690).

Antiautoritäre Schule in der Diskussion: Summerhill: Pro und Contra. 15 Ansichten zu A.S. *Neills* Theorie und Praxis. Reinbek bei Hamburg 1971 (rororo sachbuch Bd. 6704).

Nyssen, Elke (Hrsg.): Unterrichtspraxis in der Hauptschule. Situationsanalysen und Unterrichtsmodelle. Reinbek bei Hamburg 1975 (rororo sachbuch Bd. 6938).

Nyssen, F.: Zum Verhältnis von ökonomischer Basis und Überbau − Politische Ökonomie und Pädagogik ... − In: Schulkritik als Kapitalismuskritik. Hrsg. F. Nyssen, Göttingen 1971.

Nyssen, Friedhelm: Schule im Kapitalismus. Der Einfluss wirtschaftlicher Interessenverbände im Felde der Schule. Köln 1969 (Sammlung Junge Wissenschaft).

Patriotische Erziehung? Rundfrage des Basler Schulblattes v. 24.V.1972, beantwortet von: P. Dürrenmatt, H. Saner, A. Ernst, P. Huber, G. Spiess, K. Pestalozzi, W. Haeberli. − In: BASLER SCHULBLATT, 33. Jg., Heft 5, September 1972, p. 134 - 150.

Piaget, Jean: Theorien und Methoden der modernen Erziehung. Frankfurt/M. 1974 (Fischer Taschenbuch Verlag 6263).

Die Praxis der politischen Bildung in der Berufsschule. Bonn 1958 (Schriftenreihe der Bundeszentrale für Heimatdienst, Heft 31).

Reimer, Everett: Schafft die Schule ab! Befreiung aus der Lernmaschine. Reinbek bei Hamburg 1972 (rororo sachbuch Bd. 6795).

Riedl, Armin: Politik und Erziehung. Eine Untersuchung über den Zusammenhang zwischen Herrschaftsprozess und politischer Bildung unter besonderer Berücksichtigung der Bildungsarbeit der politischen Parteien in Deutschland. Diss. München 1964, München o.J.

Röhrs, Hermann (Hrsg.): Friedenspädagogik. Frankfurt/M. 1970 (Erziehungswissenschaftliche Reihe Bd. 1).

Rufer, Alfred: Pestalozzi. Die Französische Revolution und die Helvetik. Bern 1928.

Russell, Bertrand: Erziehung ohne Dogma. Pädagogische Schriften. Auswahl, Anmerkungen und Nachwort von Achim v. Borries. München 1974 (Russell Studienausgabe. sammlung dialog 108).

Rüther, Johannes: Grundformen politisch-erzieherischer Gestaltung des Schullebens seit der Aufklärung. Münster 1970.

Saner, Hans: Brief an Arnold Jaggi i.S. Geschichtsunterricht. − In: SLZ 22, 26.V.1976, pp. 866 f.

Saner, Hans: Replik auf die drei Kritiken von R. Hertach, R. Saurer und W. v. Wartburg in der SLZ 8, 9 und 12 − In: SLZ 22, 26.V.1976, p. 866.

Salzmann, Friedrich: Bürger für die Gesetze. Darstellung des erziehenden Staates. Bern 1949.

Saurer, R.: 'Ein garstig Lied'. − In: SLZ 9, 26.II.1976, pp. 299 f.

Sind Seminaristen 'autonom'? Eine Fallstudie aus dem Seminar Biel. − In: Dokumentation zu: Der Gesellschaftsbezug der Schule.

Schärer, Max: Ist der Lehrer ein Beamter? − In: Archiv für das Schweizerische Unterrichtswesen, 54./55. Jg. (1968/69), pp. 232 - 242.

Schelsky, Helmut: Schule und Erziehung in der industriellen Gesellschaft. Würzburg 1965[5].

Schelsky, Helmut (Hrsg.): Theorie der Institution. Düsseldorf 1973[2] (Interdisziplinäre Studien Bd. I. Hrsg. vom Zentrum für interdisziplinäre Forschung der Universität Bielefeld).

Schmid, Markus: Wissen wir, was wir tun (sollen)? Kritische Ergänzungen zu Hans Saners Postulat, der Lehrer müsse sein Getto verlassen. − In: nz am wochenende, 19.VII. 75, p. 1 und 5.

Spranger, Eduard: Volk, Staat, Erziehung. Leipzig 1932.

Spranger, Eduard: Schule und Lehrer. Hrsg. v. Ludwig Englert (Ed. Spranger: Gesammelte Schriften, Bd. III. Heidelberg 1970).

Spranger, Eduard: Gedanken über Lehrerbildung (1920) − In: Ed. Spranger: Schule und Lehrer. Hrsg. v. Ludwig Englert (Gesammelte Schriften, Bd. III. Heidelberg 1970, p. 27 - 73).

Spranger, Eduard: Weltanschauung, Erziehung, Schule (1931). − In: Ed. Spranger: Schule und Lehrer. Hrsg. v. Ludwig Englert (Gesammelte Schriften, Bd. III. Heidelberg 1970, p. 118 - 125.

Spranger, Eduard: Die Volksschule in unserer Zeit (1950) − In: Ed. Spranger: Schule und Lehrer. Hrsg. v. Ludwig Englert (Gesammelte Schriften, Bd. III. Heidelberg 1970, p. 188 - 199).

Spranger, Eduard: Entmutigendes und Ermutigendes

im Lehrerberuf (1954) – In: Ed. Spranger: Schule und Lehrer. Hrsg. v. Ludwig Englert (Gesammelte Schriften, Bd. III. Heidelberg 1970, p. 242 - 260).

Spranger, Eduard: Gedanken zur staatsbürgerlichen Erziehung. Bonn 1957 (Schriftenreihe d. Bundeszentrale für Heimatdienst, Heft 26).

Steiner, Rudolf: Die pädagogische Grundlage und Zielsetzung der Waldorfschule. Drei Aufsätze. Dornach 1969.

Steiner, Rudolf: Die geistig-seelischen Grundkräfte der Erziehungkunst. Dornach 1956 (Taschenbücher aus dem Gesamtwerk Bd. 604).

Steiner, Rudolf: Die Erziehung des Kindes vom Gesichtspunkt der Geisteswissenschaft. Ein Vortrag über Pädagogik. Pädagogik und Kunst. Pädagogik und Moral. Dornach 1973.

Steiner, Rudolf: Erziehungsfragen im Reifealter. Zur künstlerischen Gestaltung des Unterrichts. 2 Vorträge, gehalten für die Lehrer der Freien Waldorfschule in Stuttgart am 21. und 22. Juni 1922. Dornach 1973.

Teschner, Manfred: Politik und Gesellschaft im Unterricht. Eine soziologische Analyse der politischen Bildung an hessischen Gymnasien. Frankfurt/M. 1968 (Frankfurter Beiträge zur Soziologie. Hrsg. v. Theodor W. Adorno und Ludw. v. Friedeburg, Bd. 21).

Titze, Hartmut: Die Politisierung der Erziehung. Untersuchungen über die soziale und politische Erziehung von der Aufklärung bis zum Hochkapitalismus. Frankfurt/M. 1973 (Fischer Ahtenäum Taschenbücher, Bd. FAT 3002, Erziehungswissenschaft).

Wartburg, W. von: Kritische Überlegungen zu Dr. Hans Saners Aufsatz über 'Der Lehrer und die Politik'. – In: SLZ 12, 18.III.1976, p. 443.

Wasser, Hartmut: Politische Bildung als Aufgabe. Zur Systematik des Politikunterrichts an der Oberstufe des Gymnasiums. Diss. Tübingen 1967, Hamburg/Lübeck 1967.

Weiler, Hagen: Politische Emanzipation in der Schule. Zur Reform des politischen Unterrichts.

Düsseldorf 1973 (Studien zur Sozialwissenschaft Bd. 9).

WEISSBUCH = Repression gegen Lehrer in der Schweiz. Bern 1975. Hrsg. v. Gewerkschaft Kultur, Erziehung und Wissenschaft (zit. Aufl.).

Erweitertes WEISSBUCH über die Repression gegen Lehrer in der Schweiz (Die Freiheit die sie meinen ...). Hrsg. von der GKEW, Basel 1976.

Wieser, Harald (Hsrg.): SCHULKAMPF. Berlin 1974 (Rotbuch 118).

Winkel, Rainer: Das Ende der Schule oder: Alternativprogramme im Spätkapitalismus. München 1974 (List Taschenbücher der Wissenschaft. Erziehungswissenschaft Bd. 1668).

Wörterbuch Kritische Erziehung
Hrsg. v. Eberhard Rauch und Wolfgang Anzinger. Frankfurt/M. 1975 (Fischer Handbücher Bd. 6301).

Zeiher, Helga: Gymnasiallehrer und Reformen. Eine empirische Untersuchung über Einstellungen zu Schule und Unterricht. Texte und Dokumente zur Bildungsforschung. Veröffentlichungen aus dem Projekt Schulleistung Bd. 1. Stuttgart 1973.

Zulliger, Hans: Gespräche über Erziehung. Bern/Stuttgart 1960.

Die Zweckparagraphen der kantonalen Schulgesetze und -verordnungen. – In: Dokumentation zu: Der Gesellschaftsbezug der Schule.

Nachweise

Vom Getto der Lehrer und der Möglichkeit, es zu verlassen
> Vortrag, gehalten am 10. April 1975 in Montreux, anlässlich der Studienwoche des Vereins Schweizerischer Gymnasiallehrer.
> In: nz am wochenende, 7. Juni und 14. Juni 1975. − Der Lehrer: Vorstellungen und Wirklichkeit. Bericht über die Studienwoche Montreux 7. - 12. April 1975, Kriens-Luzern 1975, pp. 109 ff.

Der Lehrer und die Politik
> Vortrag, gehalten an der Tagung der Vereinigung ehemaliger Schüler der bernischen Staatsseminarien im deutschsprachigen Kantonsteil am 27. Dezember 1975 in Bern.
> In: Schweizerische Lehrerzeitung 4 (22. Januar 1976), pp. 97 - 100 und 6 (5. Februar 1976), pp. 169 - 172.
> nz am wochenende 24. April und 8. Mai 1976.

Schule und Gesellschaft
> Vortrag, gehalten an der Schweizerischen Seminar-Direktoren-Konferenz am 3. Juni 1976 in Locarno und an der Konferenz Schweizerischer Lehrerorganisationen vom 30. Juni 1976 in Olten.
> Bisher unveröffentlicht.

Erziehung zum Patriotismus ist ein Verbrechen
> Antwort auf eine Umfrage des Basler Schulblattes.
> In: Basler Schulblatt 33. Jg. Nr. 5 (18. September 1972), pp. 137 - 139.
> Unter dem Titel 'Die Erziehung zum Patriotismus' in: Der Ring 28. Jg. Nr. 3 (12. Februar 1973).

Von der Verantwortung der Wissenschaftler
> Rede, gehalten anlässlich der Maturitätsfeier des Gymnasiums am Kohlenberg am 20. März 1974 in Basel.
> Bisher unveröffentlicht.